AF617950

Mein Dank gilt allen, die mir in den schwersten Zeiten geholfen haben.

DANKE an Familie und Freunde!

DANKE an meine liebevollen Geistigen Helfer!

Sandra Herrmann

Sturzflug zurück ins Leben

1. Auflage 2013

Autor: Sandra Herrmann

Umschlaggestaltung, Illustration:

Nicole Schäfer, ProArt Werbeagentur

Verlag: tao.de GmbH, Bielefeld, www.tao.de,

email: info@tao.de

ISBN: 978-3-95529-069-6

Printed in Germany

Dies ist eine wahre Geschichte. Ich weiß, einiges in diesem Buch klingt sehr befremdlich, aber alles, was hier geschrieben steht, ist wahr.

An alle, die sich alleine fühlen in dieser Welt und nicht mehr weiter wissen.

Auch wenn alle Versuche, „heil“ zu werden, fehlschlugen.

Denkt stets daran: Es gibt immer einen Ausweg!

Alles wird gut. Und es wird immer besser.

Ich kam vor ca. einem Jahr auf die Idee, meine Erfahrungen nieder zu schreiben, als man mir in einem Traum ein leeres Buch schenkte. Man könnte es auch als banales Wunschdenken abtun, aber ein tiefes Drängen in mir brachte mich immer wieder zu diesem Gedanken zurück.Als ich mich schließlich nicht mehr dagegen wehrte, kamen die Wörter und Ideen überraschenderweise wie von selbst!

Nun sitze ich vor meinem fast fertigen Buch und habe das Gefühl, das noch irgend etwas fehlt. Ich überlege lange und plötzlich kommt es mir in den Sinn:

Meine Botschaft an alle Leser:

Unser Leben sind keine Privatangelegenheit! Eine Geschichte, die wir erlebt haben, kann auch für andere Menschen hilfreich sein, aber nur, wenn wir sie weiter erzählen.

Deshalb habe ich dieses Buch geschrieben. Für alle Menschen, die sich angesprochen fühlen. Vielleicht kann ich auf diesem Wege ein wenig helfen.

Kennst Du das auch? Fühlst Du Dich auch irgendwie „anders“?

Dieses Gefühl begleitete mich mein Leben lang. Bereits als Kind spürte ich eine schwere Last auf meinen Schultern.

Mein ausgeprägter Gerechtigkeitssinn und „Andersartigkeit“ wurde mir allzu oft zum Verhängnis.

Also begann ich mich zu schützen. Ich baute mir meine eigene Welt auf und orientierte mich an älteren Kindern und Erwachsenen.

In der Pubertät unterdrückte ich meine ursprüngliche, sehr sensible Art hinter einer Fassade. Ich war immer die coole und wenn mir etwas nicht passte, rebellierte ich. Auch wenn es Ärger gab, ich ließ nichts an mich heran.

So schien es. Aber meine Seele weinte. Als ich zwanzig wurde, kam ein großer Umbruch auf mich zu. Man kann seine ursprüngliche Art einfach nicht unterdrücken. Es begann eine Zeit des Kampfes und der Angst.

-1-

Was ist nur mit mir los? Ich erkenne mich selbst kaum wieder! Ich irre durch die Straßen und spüre plötzlich nur noch eins: Nackte Angst....

Todesangst? Fühlt es sich so an, wenn man bald sterben muss? Was sagt die „Innere Weisheit", von der jeder spricht? „Alles ist gut"? Oder „Hey, stell Dich darauf ein, dass Du bald von dieser Erde gehen wirst"?

Egal, mir ist es gerade wichtiger, einfach nach Hause zu kommen. Irgendwie! Meine Zigaretten werfe ich in den Mülleimer und sage mir: „Das liegt nur daran, weil du so viel rauchst!" Nach dem Zigarettenentzug wird alles besser werden... oder?

Endlich! Ich habe es geschafft! Ich habe mich von meinem Ex getrennt. Diese Beziehung dauerte viel zu lange, und mein Selbstbewusstsein hat stark darunter gelitten. Jetzt wird aber endlich alles gut. Keine Unterdrückung mehr. Ich darf endlich so leben, wie ich es möchte! Ich bin erst 20 Jahre jung, aber so viel und intensiv habe ich seit Jahren nicht mehr gefeiert! Ich genieße mein Single-Leben und merke, dass ich auch für andere Männer attraktiv zu sein scheine! Mensch, ich habe es in den letzten 5 Jahren völlig verlernt... Es kribbelt in meinem Bauch wie schon lange nicht mehr! MEINE Zeit ist gekommen. Schlimm genug, dass ich meine wertvolle Jugend vergeudet habe! Jetzt freue ich mich erst einmal auf ein Rock-Konzert, das ich mit Freunden besuchen werde.

Am nächsten Tag geht es los. Ich freue mich sehr, und bereits währenddessen gibt es einiges zu lachen.

Dort angekommen feiern wir erst einmal bis in die Nacht auf unserem Zeltplatz. Es tut so gut, unbeschwert feiern zu dürfen, ohne dass man direkt tyrannisiert und unterdrückt wird. Ich lerne viele neue Leute kennen und ich darf einfach nur ich selbst sein. Ich singe laut zur Musik, tanze durch die Straßen und sage laut JA zu meiner neu gewonnenen Freiheit.

Am nächsten Morgen sind wir alle etwas müde. Die Nacht war sehr kurz. Ich bin aber guter Dinge und trinke extra viel Wasser, da es heute sehr warm ist. Wir machen uns auf den Weg zum ersten Konzert. Mir ist etwas unwohl – keine Ahnung, warum. Ich übergehe es, ich möchte ja nicht schon wieder als Weichei dastehen. Diesen Ruf habe ich allerdings eh schon weg.

Vor dem Eingang drängen sich viele Menschen. Alle stehen dicht gepresst aneinander und warten auf den Einlass. Warum sind die hier alle größer als ich? Ich fühle mich bedrängt von den vielen Leuten und würde am liebsten zurück zum Zeltplatz gehen. Aber was würden dann meine Freunde über mich denken? Wahrscheinlich würden sie mich als „Spinnerin" sehen! Nein, ich möchte mich nicht blamieren. Außerdem habe ich Lust auf laute Musik! Also stelle ich mich in die Warteschlange zwischen all die Leute.

Ich merke sofort ein für mich völlig neues Gefühl aufsteigen: Panik. Ich war schon öfter auf Konzerten, aber diese Situation ist völlig neu für mich. Je näher es in Richtung Eingang geht, desto größer wird meine Angst. Wir müssen sehr lange vor dem Eingang warten und die Leute stehen immer dichter beieinander. Dieses Unwohlsein breitet sich noch mehr aus, der Puls beginnt zu rasen. Warum sehe ich plötzlich alles so verschwommen? Mein Kopf dröhnt und über meinen Rücken kriecht die Angst in alle Poren. Ich weiß einfach nicht, wie ichdamit umgehen soll! Am liebsten würde ich weg rennen, aber dafür ist es zu spät. Mein Herz rast und rast, meine Beine werden schwer... Plötzlich wird mir schwarz vor Augen und ich falle einfach zu Boden.

Als ich aus der Ohnmacht wieder wach werde, sehe ich meine besorgten Freunde um mich herum. Zwei Männer vom Rettungsdienst sind auch bereits da und tragen mich in den Krankenwagen. Ich verstehe erst gar nicht, was los ist, bis mir meine Freundin die Situation schildert: „Du bist einfach umgefallen. Hast wohl hyperventiliert. Ist nichts schlimmes, allerdings nehmen sie dich mit in das nächste Krankenhaus, um dich zu untersuchen."

Ich wollte noch widersprechen, aber konnte ja jetzt nicht mehr aussteigen. Das wäre mir zu peinlich gewesen. Alle Menschen hätten mich bestimmt ausgelacht...

Die Ärzte im Hospital untersuchen mich nicht. Sie erklären mir lediglich, dass ich wohl zu wenig getrunken und durch die Hitze hyperventiliert habe. Ich solle besser eine Nacht zur Beobachtung da bleiben. „Keine weiteren Untersuchungen?", frage ich den Arzt. Ich bekomme nur die emotionslose Antwort: „Dazu besteht kein Grund. Schlafen Sie sich aus."

Im Zimmer angekommen, fragt mich der Arzt dann, ob ich Drogen genommen hätte, ich dürfe ruhig ehrlich sein. Das sei ja Gang und Gebe bei einem Rock-Konzert. „Ich muss Sie leider enttäuschen", erwiderte ich ironisch, „ich war brav und widerstand dem großen Drogenangebot." Ich habe nicht das Gefühl, dass er mir glaubt, aber das ist mir ziemlich egal. Die Nacht ist sehr merkwürdig. Sie geben mir ein Medikament zur Beruhigung. Ich in zwar ruhig, aber schlafen kann ich trotzdem nicht. In meinem Inneren bin ich weiterhin sehr nervös. Ich bin sehr traurig über das verpasste Konzert, aber auch erleichtert, dass mir nicht mehr passiert ist. Am nächsten Morgen werde ich dann von meinen Freunden wieder abgeholt. Alle lachen und machen sich einen Scherz daraus. So ist ihr Umgang nun mal in solchen Situationen. Aber ein wenig enttäuscht bin ich trotzdem, dass sie sich so wenig Sorgen um mich machen. Am Zeltplatz angekommen, geht die Feier einfach weiter, so als wäre nie etwas gewesen. Ich überspiele meine Angst, kann es aber leider nicht mehr genießen...Warum feiern die anderen so ausgelassen und ich sitze hier und traue mich gar nichts mehr? Bleibe nur noch auf dem Zeltplatz und trinke Wasser. Irgendwas ist anders! Da ist mehr, als nur ein kleiner Ohmachtsanfall. Etwas tieferes. Aber ich kann es mir einfach nicht erklären.

Einige Zeit nach den Konzerttagen lerne ich meinen jetzigen Mann kennen. Wow, er ist so anders! Ich spüre instinktiv, dass er der richtige Mann für mich ist! Endlich kann ich mich auch mal fallen lassen, und er akzeptiert mich einfach so wie ich bin! Er stellt mich nicht in Frage. Bei ihm darf ich auch mal die Schwache sein. In diesem Moment weiß ich noch nicht, dass ich dies in nächster Zeit immer öfter sein werde. Langsam aber sicher schleicht sich das Gefühl der Angst in mein Leben und beginnt, die Kontrolle über mich und meinen Alltag zu übernehmen. Von Tag zu Tag wird es ein wenig mehr. Bis die Angst, ohne dass ich es bewusst gemerkt habe, mein Leben völlig bestimmt.

Meine Gedanken machen sich selbständig. Was ist, wenn eine solche Situation wie auf dem Konzert nochmal eintrifft? Was ist, wenn ich gerade dann in der Stadt bin? Unter Menschen? Was passiert dann mit mir? Wer wird mir dann helfen? Bin ich vielleicht sogar krank? Unheilbar krank?

-2-

Wann hat es überhaupt angefangen? Und wie? Plötzlich spüre ich diese nagende Angst in mir. War sie immer schon da? Oder hat sie sich einfach in mein Leben geschlichen? Warum habe ich nichts gemerkt?

Ein paar Monate später....

Wie soll ich nur zur Arbeit kommen? Jeden Morgen das gleiche Problem! Eigentlich würde ich ja mit meinem Fahrrad fahren, so wie ich es immer tue. Ich fahre bis zu 20 km pro Tag und rede mir ein, dass es meinem Körper nur gut tun kann. Ein paar Muskeln können ja nicht schaden! Allerdings verliere ich immer mehr an Gewicht. Ob es doch an der Bewegung liegt? Ich esse jedenfalls mehr als genug, mein Hunger ist kaum zu bändigen!

Regen stört mich eigentlich nicht, ich fahre bei Wind und Wetter. Ich bin einfach unabhängiger! Nur leider schüttet es heute aus Eimern, und so schnell soll es auch nicht aufhören. Mist. Meine Kollegin, die mich ab und zu mit nimmt, ist schon unterwegs. Mein Vater hat keine Zeit, er kann mich ja nicht immer in die Stadt fahren! Schließlich muss er selbst arbeiten.

Es gibt keine andere Möglichkeit. Ich muss mein größtes Übel wählen: Den Bus!

Schrecklich! Einfach schrecklich, diese vielen Leute! Ich male mir vorher schon alle möglichen Situationen aus, bis hin zu meiner größten Angst: Umzufallen. Zu sterben? Nur fünf Minuten Wartezeit an der Haltestelle und ich haue sofort wieder ab. Das weiß ich genau, deshalb komme ich erst eine Minute vor Abfahrt an.

An diese Busfahrt kann ich mich nur zu gut erinnern. Das größte Übel tritt ein: Wir stehen im Stau! Je länger wir still stehen, desto schneller schlägt mein Herz. Ich entwickele große Angst vor den Menschen, bekomme Beklemmungen und Platzangst. Nach ca. 15 Minuten halte ich es nicht mehr aus. Ich habe das Gefühl, dass mich alle anstarren. Wie peinlich! Ich gehe zum Busfahrer und bitte ihn, mich aussteigen zu lassen. Er öffnet kopfschüttelnd die Tür und ich stürme hinaus in die frische Luft. Geschafft. Das war knapp. Noch fünf

Minuten länger und ich wäre übergeschnappt! Oder gar gestorben? Jetzt stehe ich da, es beginnt zu regnen und eigentlich müsste ich in zehn Minuten bei der Arbeit sein. Das schaffe ich auf keinen Fall. „Naja, mit dem Bus wäre ich ja auch zu spät gekommen", rede ich mir ein. Im „Schönreden" bin ich eine Meisterin, ohne Strategien und Taktiken würde ich diese Hölle hier nicht überstehen. Ich laufe also los, quer durch die Stadt, und ich frage mich, wo jetzt wohl der Bus bereits ist, der natürlich schon längst hinter der nächsten Kurve verschwunden ist.

Auf dem Weg verspüre ich mehrmals die tiefe Angst, jeden Moment einfach sterben zu müssen. Jeder Schritt fällt mir schwer, ich spüre meine Beine kaum und fühle mich gehetzt. Mein Herz rast. Wie lange hält es das noch durch?

„Na, wo kommen sie denn her?", fragt mich mein Chef, als ich endlich in der Praxis ankomme. Mein Ausredenkatalog: „Ich stand mit dem Bus in einem furchtbar langen Stau, wir sind jetzt erst angekommen! Einfach fürchterlich, dieser Verkehr!" Was natürlich nicht ganz stimmt, der Bus kam mir bei meinem Marathon quer durch die City bereits vor zehn Minuten entgegen...

Nach ein paar Stunden Arbeit, Versteckspiel und Flucht in den Sozialraum sagt dann meine Kollegin zu mir: „Bleib doch endlich zu Hause, wir können so nicht mit Dir arbeiten. Es läuft besser ohne Dich!“ Das hat gesessen. Es ist wie ein Hammerschlag in die Magengrube. Ich war doch immer beliebt und geschätzt! Habe meine Arbeit immer bestens erledigt.

Zutiefst verletzt stürze ich davon und heule mir die Seele aus dem Leib. Hat denn niemand Verständnis? Ich bin nicht verrückt! Warum bin ich nur so anders als alle anderen? Was soll ich nur tun? Wenn diese Angst noch länger bleibt, drehe ich wirklich durch!

-3-

Es lag schon immer eine gewisse Traurigkeit über mir. Wie ein Phantom begleitete mich dieses Gefühl Tag und Nacht. Viele Ängste, die ich heute habe, begleiten mich seit meiner Kindheit. Man schafft es, sie immer wieder zu vergraben und sie für eine gewisse Zeit zu vergessen, aber sie sind trotzdem immer da.

Als Begründung dafür lieferten mir die Menschen eine Menge Vermutungen: „Das hast du von deinem Vater geerbt". Oder: „Du bist eben so sensibel wie deine Mutter". Abgehakt. Für mich allerdings nicht. Ich konnte mich noch nie so akzeptieren, wie ich bin. Ich möchte anders sein. Tief in mir spürte ich meinen eigentlichen Charakter: Stark, sensibel, fürsorglich, musikalisch und voller Freude für diese wundervolle Welt. Ich helfe gerne bedürftigen Menschen, egal auf welche Art und Weise. Allerdings wusste ich mich noch nie richtig zu schützen, deshalb war ich immer nur der „Mülleimer" für die anderen.

Ich habe kein Vertrauen. Kein Ur-Vertrauen. Aber warum? In meiner Familie bestand immer ein großes Vertrauensverhältnis. Zumindest empfand ich es so. Warum aber bin ich so entwurzelt?

-4-

Die nächsten Wochen und Monate sind sehr anstrengend. Ich gehe zwar arbeiten, verlasse aber die Praxis kaum noch. Eigentlich verbringe ich meine Mittagspause sehr gerne beim Bummeln durch die Geschäfte, aber das ist jetzt so gut wie unmöglich. Mittagessen lasse ich mir von Kollegen mitbringen. Ich nehme es in Kauf, dass sie mich komisch anschauen oder auch mal meckern. Ich erfinde eine Ausrede nach der anderen. Es tut zwar weh, aber das muss ich akzeptieren. Die Angst hat mich einfach zu sehr im Griff. Ich schaffe es nicht mehr. Auch der Einkauf im Supermarkt fällt mir immer schwerer. Sobald ich die Menschen dort sehe, kommt die Panik wieder. Wenn es an der Kasse eine Warteschlange gibt, lasse ich alles stehen und liegen und verlasse das Geschäft.

Ich fühle mich, als hätte ich keine Beine mehr, als würde ich in der Luft schweben. Ich bin kraftlos. Mein Herz rast unentwegt und ich wundere mich, wie viel ein Mensch aushalten kann. Sobald ich andere Menschen sehe, wird mir schwindelig und ich glaube, jeden Moment umfallen zu müssen. Ich kann die Menschen nicht mehr ertragen.

Es tut so weh. Ich frage mich immer wieder, wie es dazu kommen konnte. Ich habe einfach keine Antwort darauf. Die Angst kriecht immer wieder über meinen Rücken in den ganzen Körper und hat die Macht über mich.

Nach Feierabend fahre ich auf direktem Wege mit meinem Fahrrad nach Hause und bin jeden Abend wieder froh, es geschafft zu haben. Zu Hause angekommen, esse ich sehr viel. Ich habe dauernd Hunger. Kein Wunder, ich bewege mich den ganzen Tag ohne große Pause. Der einzige Lichtblick ist, wenn mein Freund zu mir kommt. Er wohnt leider etwas weiter weg und wir sehen uns nur ein Mal in der Woche. In seinen Armen fühle ich mich sicher. Er ist wie mein Beschützer.Er ist ein Geschenk des Himmels.

Die Situation wird schlimmer und schlimmer. Ich habe keine Ruhe mehr und finde kaum Schlaf. Ich erinnere mich an einen Tag, als mein Freund und ich auf dem Sofa saßen und „entspannten". Er saß dort, der Fels in der Brandung, die Ruhe in Person. Ich neben ihm, ein zappelndes Wiesel, das dauernd aufspringt und etwas tun muss. Als mir bewusst wird, wie unterschiedlich wir in diesem Moment sind, vergleichen wir unseren Puls. Sein Herz schlägt in langsamen, starken und regelmäßigen Abständen. Meines dagegen „flattert" unruhig bei 160 Schlägen pro Minute. Das macht mir natürlich noch mehr Angst.

Die Nächte sind schrecklich. Ich liege meistens wach da und beobachte mich. Meine Beine schmerzen und ich gehe in Gedanken alle möglichen Krankheitsbilder durch. Unter was leide ich nur? Eine lange, qualvolle Zeit liegt vor mir. Die Monate vergehen, die Angst bleibt.

1 ½ Jahre später, 04:00 nachts....

So, es ist soweit. Ich muss sterben. Es kann gar nicht anders sein! Warum rast sonst mein Herz so? Warum tun mir die Beine so weh? Warum bin ich so schwach? Es kann nur diesen einen Grund geben: Ich soll sterben. Aber ich will noch nicht!! Ich bin noch viel zu jung, gerade mal 22 Jahre alt, habe meinen Traummann kennen lernen dürfen. Und jetzt? Soll ich einfach so gehen? Ich kann eh nichts dagegen tun. Also ziehe ich mich an und irre mitten in der Nacht durch die Straßen meines Heimatortes.

Bei wie vielen Ärzten war ich jetzt eigentlich? Fünf? Zehn? Ich kann es nicht fassen, dass sie nichts gefunden haben, obwohl ich ganz genau weiß, dass mit meinem Körper irgendetwas nicht stimmt!

Psychosomatische Erkrankung. Das ist ihnen dazu eingefallen. Klar, wenn ihnen sonst nichts mehr einfällt, dann spinnt eben die Seele. Manch einer dieser „Götter in Weiß" gab sich ja nicht einmal die Mühe, mich zu untersuchen! Sie hörten sich lediglich meine Symptome an und pressten mich direkt in eine Schublade.

„Die Seele ist krank, und dadurch erkrankt dann ihr Körper. Ich verschreibe ihnen ein Medikament, dann wird es bald besser."

Antidepressiva! Sie wollten, dass ich einfach Tabletten gegen Depressionen schlucke! Ach ja, Schlaftabletten sollte ich auch nehmen. Dass ich mal wieder durch schlafen kann. Nein, dieses Zeug werde ich nicht schlucken! Dann nehme ich lieber mein Schicksal an. Aber bevor ich von dieser Erde gehen werde, muss ich laufen. Ich schaue mir alles ganz intensiv an. Höre die Vögel zwitschern.

Rieche den Morgentau. Ich brenne alles tief in mein Gedächtnis ein. Die kühle Luft tut einfach so gut! Ich renne weiter. Und weiter. Und weiter. Langsam werde ich müde. Aber ich muss mich einfach bewegen. Es ist wie ein Zwang. Zwei Stunden später stehe ich vor meinem Bett und frage mich, was das alles soll! Ich lebe weiterhin! Ist das alles nur eine Art Test? Eine Prüfung? Wenn ja, für was?

Ich bin tierisch wütend. Warum kann und darf ich nicht glücklich sein? Warum darf ich nicht in Frieden leben? Ich habe doch so wenig Ansprüche an das Leben. Warum trifft es mich so hart? Ich bin gefangen in meinem eigenen Körper wie in einem Käfig. Völlig erschöpft lasse ich mich in mein Bett sinken und schlafe auf der Stelle ein.

In meinem Traum laufe ich mit nackten Füßen über eine wunderschöne, grüne Blumenwiese. Immer wieder drehe ich mich im Kreis, falle um, stehe lachend auf und drehe mich weiter. Bin ich ein Kind? Oder erwachsen? Ich kann es nicht erkennen, aber eigentlich ist es auch egal. Es ist einfach nur schön und fühlt sich so leicht an! Dieser Geruch, diese Farben! Das pure Leben. Plötzlich sitze ich auf einem großen, weißen Pferd und wir reiten so schnell wir können über die Wiesen und Felder. Freiheit! Ja, so fühlt es sich an, wenn man in Freiheit lebt. Das Pferd führt mich zu einem riesigen Baum. Er scheint sehr alt zu sein und strahlt eine Weisheit aus, wie es kaum ein Mensch kann.

Ich steige vom Pferd ab und fasse den Baum ehrfürchtig an. Er hat eine grobe Rinde, ich kann es genau ertasten. Er ruft mich! Er möchte mir etwas zeigen. Doch plötzlich beginnt mein Herz wieder wild zu pochen an. Diese verdammte Angst kommt wieder. Sie schleicht sich von hinten an mich heran und nimmt meinen Körper in Besitz. Der Baum öffnet seinen Stamm für mich, ein riesiges Loch klafft jetzt darin.

„Komm zu mir, komm herein, ich möchte Dir etwas zeigen. Ich weiß einen Weg!"

Doch ich höre die Worte nur noch ganz leise. Die Angst ist zurück. Sie zwingt mich dazu, wie versteinert stehen zu bleiben. „Wenn du dort hinein gehst, wird etwas schlimmes passieren!"

Der Baum entfernt sich immer mehr. Die Farben verlassen die Wiese. Plötzlich ist alles grau und unendlich weit weg. Ich falle zu Boden und fange jämmerlich zu weinen an.

Als ich erwache, weine ich einfach weiter. Ich trauere. Instinktiv weiß ich, dass der Baum mir helfen wollte. Aber die Angst hat gewonnen. Mal wieder.

-5-

Meine Kindheit war schön! Im Großen und Ganzen war alles ganz normal. Ich hatte eine sehr liebevolle, treu umsorgende Mutter. Sie stand mir immer bei, egal was war. Wir hatten eine sehr starke Verbindung. Mein Vater arbeitete viel, er wollte uns ein gutes Leben schenken. Besser, als seines war. Mit drei älteren Geschwistern, ganze zehn Jahre älter, wuchs ich auf. Natürlich meckerten sie immer mal wieder, weil ich solch ein verwöhntes Kind sei und ich viel mehr durfte, als sie in meinem Alter. Manchmal ließen sie es verbal an mir aus. „Stell dich nicht so an, du Weichei!“ „Mama-Kind“ usw. Ich war sehr sensibel und spürte damals schon mehr, als ich mir eingestehen wollte und konnte. Ich war schon immer anders. Ich kann mich gut erinnern, dass ich mich als Kind bereits fragte, was mit mir los ist. Warum ich mich so anders fühle, warum mich keiner versteht.

Jahrelang habe ich meine Gefühle, Ängste, Talente unterdrückt. Aber wenn man solch lebenswichtige, ursprüngliche Dinge übergeht, bricht früher oder später alles heraus... so wie bei mir.

-6-

Zwei Jahre sind nun vergangen seit meiner ersten Panik-Attacke. Zwei Jahre lang suchen nach der Ursache. Ohne Ergebnis. Mittlerweile wiege ich nur noch 41 kg und kann kaum noch aufrecht gehen. Einige Verdachts-Diagnosen haben sich nicht bestätigt. Von Diabetes bis Anorexie war alles dabei.Magersucht! Sogar meine Mutter glaubt daran, dass ich heimlich zur Toilette schleiche und alles erbreche, was ich gerade gegessen habe. Aber so ist es nicht. Mir geht es erbärmlich, weiß aber weiterhin nicht, was mit mir los ist.Ich bin ein Wrack. Nichts geht mehr.Soll ich mich einfach umbringen?

So weit bin ich schon, dass ich darüber nachdenke, einfach Schluss zu machen! Nein, dafür ist mir das Leben doch zu kostbar. Ich fände es feige. Und einen letzten Funken Lebenslust spüre ich doch noch. Ich halte krampfhaft die Fahne nach oben. Irgend etwas habe ich noch zu erledigen... Also kämpfe ich weiter. Allerdings weiß ich nicht, wie lange meine Kraft noch ausreicht.

-7-

Ich träume wieder. Ich bin ein kleines Mädchen und laufe durch die Straßen. Es regnet, also habe ich einen Schirm dabei. Ich tanze vergnügt durch den Regen. Dann beginnt es zu stürmen und ich hebe mit meinem Schirm vom Boden ab. Der Wind flüstert mir zu: „Komm mit auf die Reise, ich zeige dir meine Welt!" Ich fliege durch die Luft und irgendwie ist es einfach wunderschön, mit den Vögeln um die Wette zu fliegen. Plötzlich überkommt mich wieder diese Angst. Sie nimmt einfach meinen Körper in Besitz. Ich versuche umzukehren.

„Nein, bleib hier! Es ist doch so schön!", spricht der Wind zu mir. Irgendwie ist es ein angenehmes Gefühl, aber wem kann ich schon trauen? Nein, niemandem, noch nicht einmal den Urkräften dieser Erde. Ich halte mich immer wieder an Bäumen fest, aber ich komme einfach nicht auf den Boden zurück!Nach mehreren Versuchen lasse ich einfach los und fliege davon.

Als ich wach werde, höre ich immer noch meine verzweifelten Schreie. Aber keiner kann mir helfen. Keiner, außer ich selbst. Was ist nur mit mir los? Gegen was wehre ich mich so sehr?

-8-

Die Situation eskaliert völlig, als mein Bruder eine Psychose erleidet. Ich muss miterleben, wie mein eigener Bruder langsam und immer mehr durchdreht. Ich spüre genau seine Verzweiflung, seine Angst, seine Wut. Das macht mich auch beinahe verrückt. Zumindest befürchte ich das.Wir standen uns immer sehr nahe, auch wenn es mal Streit gab. Es war furchtbar.

Als er in die Klinik eingeliefert wird, liege ich bei meiner Tante auf dem Sofa und habe eine Panikattacke nach der anderen. Alle möglichen Bilder schwirren mir durch den Kopf: Mein großer Bruder, wie er, völlig verwirrt, vor mir steht und irgendwelche Farben vor sich her faselt. Mein Bruder, der ein Loch in die Tür schlägt, voller Wut beinahe tierische Schreie von sich gibt. Er ist in meinen Augen unberechenbar. Ich kann ihn einfach nicht mehr einschätzen. Allerdings redet auch kaum jemand mit mir über dieses Thema. Sie wollen mich schützen, das weiß ich, aber dadurch erschaffe ich mir wieder einmal meine eigene Sichtweise und alles wird nur noch schlimmer für mich.

Auch die Blicke der Nachbarn sind unerträglich. Wir werden nicht mehr gegrüßt und es werden wage Vermutungen ausgesprochen, die nichts mit der Realität zu tun haben. Mein Bruder verliert all seine „Freunde“. Sie wenden sich einfach von ihm ab. Es tut so weh. Aber das ist nun mal die Art der Menschen. Wie können diese Leute nur so grausam sein?

Dieses Erlebnis reißt mir nun völlig den Boden unter den Füßen weg.

Ich rede mir ein, dass es erblich bedingt sei und ich nun durchdrehen müsse. Ich fühle mich wie gelähmt.

-9-

Am Ende meines Leidensweges ging gar nichts mehr.Ich, die lebenslustige, spontane und gesellige junge Frau, saß nur noch zu Hause und verließ die Wohnung kaum noch. Jeder Schritt war zu viel. Ich hatte keine Kraft mehr, konnte nur noch die lebenswichtigsten Dinge erledigen.

Ich ging nicht mehr in Geschäfte, konnte alleine keine Lebensmittel mehr einkaufen. Wenn ich eine Warteschlange auch nur von weitem sah, musste ich sofort die Räumlichkeiten verlassen. Auto fahren war unmöglich.Ich hatte einfach nur noch Angst. Vor allem. Ich bewegte mich unentwegt, es war fast wie ein Zwang. Allerdings fehlte mir immer mehr die Kraft. Und dann, kurze Zeit später, kam die Wendung....

Ein Gespräch mit meiner damaligen Arbeitskollegin schenkte mir wieder ein Funken Hoffnung. Den Gang zum Gynäkologen empfand ich eigentlich als unnötig, wenn sie mir nicht dringend dazu geraten hätte. Er solle ein sehr guter Arzt sein, der sich auch mal ausgiebig Zeit nehme und den Körper als Ganzes betrachte. Vielleicht könnte er mir ja helfen.

Na gut, dann wird das aber mein allerletzter Versuch sein. Viel Hoffnung hatte ich allerdings nicht. Ich vereinbarte einen Termin, auf den ich zum Glück nicht lange warten musste. Als ich dort war, fragte ich, ob er vielleicht eine Ultraschall-Untersuchung meiner Schilddrüse machen könne. Ich schilderte ihm meine Situation und erklärte, dass ich diese Beschwerden nun bereits seit über zwei Jahren hatte. Ich musste nicht viel erklären, er sah mir schließlich an, dass ich Probleme hatte. Abgemagert und unheimlich nervös saß ich vor ihm.

Er fing an, mich zu untersuchen.

Ich werde diesen Moment niemals vergessen. Als er meine Schilddrüse auf dem Monitor sah, gab er nur einen trockenen Kommentar von sich:

„Na, ist ja kein Wunder, dass es Ihnen so schlecht geht. Die Schilddrüse ist völlig entzündet und vergrößert, teilweise ist das Gewebe bereits zerstört. Das müssen sie aber schon eine ganze Weile haben."

Seine weiteren Worte hörte ich nur noch ganz entfernt. Ich konnte einfach nicht glauben, was er gerade zu mir sagte! Schilddrüse? Entzündet? War das endlich die Lösung für meine Probleme? Mir fiel ein großer, schwerer Stein von meinen Schultern. Ist das etwa ein Lichtblick am Ende des Tunnels?

Er vereinbarte noch einen Termin bei einem Spezialisten für mich und entließ mich mit den Worten: „ Alles wird gut!“

Ja, alles wird gut. War ihm überhaupt klar, was er da gerade zu mir sagte? Wohl kaum. Wie kann er sich auch vorstellen, dass ich seit solch einer langen Zeit täglich mit Panikattacken und Todesängsten zu kämpfen habe? Niemand konnte sich in meine Lage versetzen, außer die, die es am eigenen Leib erleben mussten. Endlich. Nach zwei Jahren Angst, Trauer, Wut und Verzweiflung spürte ich einen Funken Hoffnung in mir aufkeimen.

„Ich werde wieder gesund“, sagte ich mir, verspürte ein freudiges Kribbeln im Bauch. „Wie es sich anfühlt, gesund zu sein, muss ich wohl erst wieder erlernen. Ich kenne es einfach nicht mehr. „

Anfangs ging ich einmal pro Woche zur Kontrolle. Ich bekam ein Schilddrüsen-Hormon, Beta-Blocker für mein Herz und Schlafmittel. Dieses Mal nahm ich sie dankend an. Die Besuche beim

Arzt waren der Horror. Ich musste in einem vollen Wartezimmer sitzen. Es dauerte jedes Mal unendlich lange, bis ich untersucht wurde. Jedes Mal wurde mir Blut entnommen. Ich hatte schreckliche Ängste ausstehen müssen. Die Blicke der Leute waren kaum zu ertragen. Ich hatte das Gefühl, dass mich keiner verstand.

Bald wurden die Abstände jeweils um eine Woche verlängert. Als wir bei einem Abstand von vier Wochen waren, ging es mir bereits wesentlich besser. Ich konnte wieder schlafen, und mein Herz schlug wieder so gut wie normal. Ich wusste gar nicht mehr, wie es sich anfühlt! Ich spürte eine große Dankbarkeit, dass mir endlich geholfen werden konnte. Allerdings verschwanden die Ängste nicht. Mein damaliger Chef gab mir glücklicherweise noch eine Chance und ich durfte wieder dort arbeiten. Doch es funktionierte nicht so gut wie erwartet. Ich konnte immer noch nicht richtig arbeiten. Ich gab mir zwar große Mühe, mich wieder einzugliedern, aber ich flüchtete vor allen Menschen. Die Leute im Wartezimmer machten mir große Angst. Als ich in ein Behandlungszimmer wankte, konnte ich nicht mehr laufen. Ich fiel wieder einmal in Ohnmacht und wurde in ein Krankenhaus gebracht. Wieder war die Diagnose: Hyperventilation. Aber ich konnte einfach nicht daran glauben. Da war viel mehr. Ich spürte es. Irgend etwas musste da noch sein.

Bei meinem nächsten Besuch beim Spezialisten riet mir der Arzt zu einer Verhaltenstherapie. Auch das noch. „Na gut, das schaffe ich auch noch", sprach ich mir Mut zu. Ich würde alles tun, damit es mir endlich besser ging.

-10-

2 Jahre später.... „So, es reicht jetzt. Ich höre mit der Therapie auf." Es ging mir wieder gut. Nach zwei Jahren hartem Training. Ich musste jeden Schritt neu erlernen. Wie ich ohne Angst einkaufe, wie ich ohne Panik in die Fußgängerzone gehe; einfach alles. Aber die Mühe hat sich gelohnt. „Ich bin ein neuer Mensch mit neuem Bewusstsein", dachte ich. Der letzte Satz, den der Therapeut mir sagte, war: „Sie werden lernen mit der Angst zu leben, aber sie wird nie ganz weg sein."

„So ein Quatsch", redete ich mir ein. Ich strich einfach diesen Satz aus meinem Gedächtnis. Oder war da etwa doch etwas dran? Endlich hatte ich auch die Möglichkeit, meine Beziehung zu meinem Freund zu vertiefen. Jetzt lernte er mich von einer ganz anderen Seite kennen, ohne Ängste und Zwänge. In den letzten Horror-Jahren war er immer für mich da, egal was ich gerade anstellte oder wie es mir ging. Dafür bin ich ihm unendlich dankbar. Jetzt war ich dran. Ich gab ihm all die Liebe, die ich ihm eine zeit lang nicht zeigen konnte, weil ich viel zu sehr mit mir selbst beschäftigt war. Wir waren das glücklichste Paar der Welt!

-11-

So fühlt sich das Leben an! Die nächsten fünf Jahre lebte ich in Saus und Braus. Ich holte meine verpasste Jugendzeit nach, verbrachte viel Zeit mit Freunden und hatte einen schönen Job in einer Kinderarztpraxis.

Mit 27 verspürte ich urplötzlich einen ganz neuen Wunsch – es war fast wie ein Drang – ich wünschte mir ein Baby. Ich weiß nicht, woher dieses Gefühl plötzlich kam, es ist wohl ein ganz normaler Prozess.

Es dauerte auch gar nicht lange, da war ich schwanger. Ein absolutes Glücksgefühl. Ich konnte es gar nicht fassen! Ich werde Mama! Die Schwangerschaft war traumhaft schön und verlief völlig problemlos. Ich bekam einen riesigen, runden Bauch und verließ mich völlig auf mein Bauchgefühl wie schon lange nicht mehr. Das alles beschwingte mich so sehr und ich war guter Dinge, dass ich eine gute Mutter werden würde. Ich freute mich riesig. Ich wusste bereits, dass es ein Junge werden würde und verbrachte natürlich ganz viel Zeit damit, einen Namen zu finden. Es war die glücklichste Zeit in meinem Leben. Und geheiratet wurde auch noch!

„Alles wird gut". Dieser Satz viel fiel mir immer wieder ein. Ja, zu dieser Zeit war alles gut! Aber es sollte leider nicht so bleiben...

-12-

Der nächste Vertrauensbruch.: Die Geburt. Ich erinnere mich an jedes Detail. Am Geburtstag meiner Mutter, abends um 23 Uhr, verlor ich plötzlich Fruchtwasser. Ich hatte bereits über den Tag leichte Wehen, die immer regelmäßiger wurden.

Mein Mann war ganz aufgeregt, denn jetzt ging es endlich los. Der Geburtstermin war zwar zehn Tage später, aber mir war klar, dass mein Sohn an einem unserer Geburtstage, an dem meiner Mutter, an meinem einen Tag später oder am nächsten Tag, das Licht der Welt erblicken würde. Also fuhren wir in Richtung Krankenhaus. Ich war weiterhin guter Dinge und völlig entspannt. Ich erfreute mich und wunderte mich zugleich über mein großes Vertrauen in diese Situation.

Die Hebamme an diesem Abend war sehr optimistisch und prophezeite uns eine Geburt innerhalb weniger Stunden. Ich hatte bereits regelmäßige Wehen, allerdings noch in etwas größeren Abständen. Um uns (oder ihr??) eine ruhige Nacht zu bereiten, gab sie mir ein krampflösendes Medikament. Ich weiß noch genau, dass ich mich fragte:

„Warum soll ich dieses Mittel nehmen, wenn ich bald ein Kind bekomme? Dafür brauche ich doch Wehen!"

Ich hatte kein gutes Gefühl dabei, es schien nicht richtig zu sein. Aber ich vertraute auf das Wissen der Hebamme. Schließlich war es ja meine erste Geburt, da verlässt man sich auf die Spezialisten.

Danach waren die Wehen einfach weg.

Natürlich dachten wir weiterhin, es sei normal. Deshalb versuchten wir, so gut es ging, ein wenig zu schlafen. Am nächsten Tag war es, als hätte ich nie Wehen gehabt. Die Hebammen waren ganz gelassen und meinten nur, es würde wohl noch dauern. Als dann, 12 Stunden später, die Wehen nicht mehr von alleine eintreten wollten, bekam ich ein Wehen förderndes Medikament verabreicht. Die Schmerzen waren plötzlich, von jetzt auf gleich, unerträglich und wurden immer heftiger. Es wurde natürlich behauptet, das könne gar nicht sein.

Bildete ich mir die Schmerzen etwa ein?

Weitere Stunden vergingen, aber die Geburt stockte. „Ihr Muttermund ist angeschwollen, die Geburt ist blockiert", war das einzige, was ich zu hören bekam. Ich bekam große Angst, aber keiner nahm mich ernst.

Die nächsten Stunden waren die schlimmsten meines Lebens. Trotz Rückenmark-Anästhesie hatte ich unerträgliche Schmerzen. Ich kam mir vor wie eine Kuh, jegliche Intimsphäre wurde übergangen und man bohrte in mir herum wie bei einem Tier.

Die Stunden vergingen. Alle 3 Minuten diese elende Qual. Warum? Warum schon wieder ich? Was ging hier vor?

Ich spürte, dass mein mühsam aufgebautes Vertrauen immer mehr schwand. Alles was ich fühlte, war pure, nackte Angst. Angst, diesen Horror-Trip nicht zu überleben.

Ich schrie, wie ich noch nie in meinem Leben geschrien habe. Ich flehte um einen Kaiserschnitt. Die Hebamme sagte nur, da müsse ich jetzt durch, mein Sohn stecke im Geburtskanal fest. Es würde zu lange dauern, jeden einzelnen Moment des Schmerzes und der Verzweiflung hier zu beschreiben.

Nach dreißig Stunden zerrten sie mir meinen Sohn mit einer Saugglocke aus mir heraus. Hätte nicht anders kommen können? Dabei wurde dann auch noch bei mir einiges verletzt. Den Moment, als dieses kleine Wesen auf die Welt kam, werde ich nie vergessen. Nicht aus Freude. Ich empfand nur Trauer und Wut. „Herzlichen Glückwunsch, hier ist ihr Baby!“ sagte die Hebamme plötzlich freudestrahlend und legte mir das Baby auf die Brust.

Ich empfand gar nichts.

Ich wollte nur schlafen. Stattdessen legten sie ihn mir an die Brust. Was natürlich nicht klappte. „Auch das noch, sie kann ohne Hilfe nicht stillen“, hörte ich die Ärztin flüstern. Na bravo. „Ich bin müde“, war alles, was ich heraus brachte. Mein Mann weinte vor Erschöpfung und Glück. Er war sichtlich gerührt, aber auch froh, dass dieses furchtbare Erlebnis endlich vorüber war. Sie nahmen das Baby mit zur Untersuchung und ich schlief sofort ein.

Schreie. Überall Schreie. Diffuses Licht. Ich kann nichts mehr sehen. Muss ich sterben, dass mein Sohn leben darf? Die Ärztin sitzt in ihrem Stuhl und beobachtet mich in aller Ruhe. Was machen die nur mit mir? Kann mir denn keiner helfen? Merkt denn nie-

mand, dass hier etwas nicht stimmt? Ich schließe meine Augen. Als ich sie mühsam wieder öffne, steht eine Gestalt neben mir.

„Bist du mein Schutzengel?“, höre ich mich fragen.

„Nenne mich, wie du willst“, antwortete die Gestalt.

„Warum kannst du mir dann nicht helfen?“

„Ich kann dir nicht helfen, es soll so sein.“

„Es soll so sein? Warum? Ich verstehe das nicht! Wo ist der Sinn?“

„Das musst du selbst erkennen. Ich kann nur auf dich aufpassen. Es wird dir nichts geschehen.“

„Ich kann nicht vertrauen. Ich kann einfach nicht daran glauben. Ich kann auch an dich nicht mehr glauben. Mein Schutzengel würde mich nicht so im Stich lassen“

„Ich lasse dich nicht im Stich. Niemals.“

Wieder Schreie. Die Gestalt verschwindet. Aber ich spüre sie weiterhin. Ich höre meine verstorbene Oma.

„Das arme Mädchen. Das hat sie nicht verdient“, höre ich sie reden. Es ist alles so unheimlich. Aber es gibt mir auch ein wenig Geborgenheit in dieser schweren Zeit.

-13-

Die nächsten Monate verliefen überhaupt nicht so, wie ich es mir vorgestellt und gewünscht hatte. Das Stillen machte Probleme, wir hatten ein Schreibaby und ich... tja, ich erlitt eine Wochenbett-Depression.

Das schlimmste war, dass ich für dieses arme, kleine Wesen einfach nichts empfand. Ich konnte ihn nicht richtig lieben. Ich machte mir schwere Vorwürfe deswegen, und alles was ich empfinden konnte, waren Schuldgefühle, Trauer, Wut und Verzweiflung. Christian war in dieser Zeit meine größte Unterstützung. Er liebte unseren Sohn mehr als alles andere und kümmerte sich rührend um ihn. Für mich war es ein Stich mitten ins Herz, weil ich diesem unschuldigen Wesen keine Liebe geben konnte. Gleichzeitig war es aber auch ein kleiner Trost, zu wissen, dass ihn wenigstens ein Elternteil von Herzen liebte. Ich hatte keine Kraftreserven mehr und bekam auch keine Möglichkeit, sie wieder zu füllen.

Ungefähr sechs Monate nach der Geburt war ich wieder sehr nervös. Ich ging sofort zum Arzt.

Wieder einmal machte mir die Schilddrüse einen Strich durch die Rechnung. Wieder einmal bekam ich Medikamente.

Da es eine Autoimmunerkrankung war, machte ich mir Gedanken, wie eine solche Krankheit auftreten kann. Autoimmunerkrankung bedeutet, dass das Immunsystem Antikörper gegen das eigene Organ entwickelt. Anti... Gegen.... Gegen was kämpfe ich eigentlich? Liegt es an meinem mangelnden Selbstbewusstsein? An meiner hohen Erwartungshaltung an mich selbst? An mangelnder Selbstliebe? Was kann ich an mir einfach nicht akzeptieren? Diese Frage würde mich noch sehr lange beschäftigen, das wusste ich genau. Kein Arzt würde mir wohl bestätigen, dass es auch aus solchen Gründen zu einem Kampf gegen den eigenen Körper kommen könnte. Ihre Begründung ist höchstwahrscheinlich eine Schwäche des Immunsystems. Ich bildete mir meine ganz eigene Meinung und versuchte, hinter das Geheimnis zu kommen.

Ich brauchte jedoch in dieser Zeit weitere Hilfe. Ich ging sofort wieder zu einer Therapeutin, die mir schnell helfen konnte. Der Unterschied war, dass ich diesmal viel früher Bescheid wusste und somit auch schneller Hilfe bekam. Trotzdem dauerte es noch ca. 1 ½ Jahre, bis es mir endlich besser ging.

Meinen Sohn liebte ich auch immer mehr. Ich freute mich sehr darüber, aber die Ereignisse der letzten Jahre hingen wie dunkle Wolken über mir.

Trotz allen Gesprächen stellte ich fest, dass es mir zwar besser ging, aber weiterhin etwas nicht stimmte. Alle Gespräche halfen nichts. Man kann seine tiefsten Gefühle nicht kontrollieren!

-14-

Der Weg zu mir selbst!

Die Depression wurde immer besser. Ich arbeitete viel an mir und wollte endlich meine Probleme überwinden. Ich wollte auch mein Herz heilen. Die Therapie hat mir dabei sehr geholfen, allerdings spürte ich immer noch, dass etwas nicht stimmte.

Ich konnte es nie wirklich beschreiben, und viele Menschen konnten einfach nicht verstehen, was mit mir los war. Ich fühlte mich wieder allein. Aber ich konnte auch nicht verlangen, dass sie mich verstehen... Ich tue es ja selbst nicht! Ich versuchte, vieles alleine zu schaffen. Aber ich fühlte mich dauernd wie „fremdgesteuert“. Oft hatte ich das Gefühl, als sei jemand bei mir, eine Art „Geist“.

Manchmal, wenn ich traurig war, spürte ich, dass diese „Energie“, eine unsichtbare Gestalt, zu mir kam und mir Trost spendete. Wer war das? „Gott“? Mein Schutzengel? Ein Fremder oder ein verstorbener Verwandter? Auf der einen Seite war ich neugierig, aber die Angst siegte noch eine ganze Weile.

Ich spürte diese Energie manchmal sehr deutlich und es wurde immer stärker und stärker. Manchmal sagte ich laut in den Raum, „sie" mögen mich bitte in Ruhe lassen. Meistens wurde es akzeptiert und dieses Gefühl verschwand so schnell wie es kam.

Ich konnte mit so gut wie niemandem darüber reden. Ich weiß nur, dass ich schon als Kind diese Energien spüren konnte. Und schon immer weckte dieses Gefühl große Angst in mir. Ich hatte Angst, verrückt zu werden, wenn ich mich darauf einließe. Die einzigen, die davon wussten, waren meine Mutter und mein Mann. Sie erklärten mich zum Glück nicht für verrückt und nahmen mich sogar ernst. Aber wirklich glauben konnte mir wahrscheinlich niemand.

Und wieder fühlte ich mich allein. Allein, obwohl ich alles hatte zum Glücklichsein... Ein Mann, ein Kind, eine tolle Familie...

In dieser Zeit träumte ich wieder sehr viel.

Dort standen plötzlich Menschen, die mich in meinem Leben schon sehr verletzt haben.

Sie standen hintereinander in einer Reihe und am Ende dieser Reihe saß ich auf einem wunderschönen, großen Thron.

„Ich laufe mal wieder der Vergangenheit hinterher!“, war mein erster Gedanke im Traum.

„Du darfst jetzt allen verzeihen“, sprach eine Stimme zu mir. Sie klang sehr liebevoll.

„Verzeihen? Ich soll all diesen Menschen verzeihen? Ich weiß nicht, ob ich das kann! Sie haben mir so sehr weh getan und sich nie dafür entschuldigt. Und jetzt soll ich verzeihen?“

„Du hast so viel Liebe in dir. Gib diesen Menschen ein wenig Liebe. Verzeihe ihnen.“

Ich sah wieder zu der Menschenschlange. Jeder einzelnen Person schaute ich in die Augen. Und immer spürte ich einen Stich im Herzen; Trauer und Wut.

„Die anderen verstehen mich einfach nicht!“, rief ich traurig.

„Wie sollen sie dich verstehen, wenn du dich selbst nicht verstehst?“

Es waren alle möglichen Leute. Familie, Freunde, Kollegen, alle waren da und schauten mich abwartend an. Ich zögerte. Plötzlich hörte ich wieder diese Stimme, die nichts als pure Liebe ausstrahlte.

„Du kannst es! Lass los! Lass los! Lass los! Das Alte ist vorbei. Das Neue beginnt! Lass dich nicht verunsichern."

In diesem Moment setzte sich die Menschenschlange in Bewegung. Sie standen auf einer Art Fließband und kamen auf mich zu. Also fing ich an, jedem Menschen zu verzeihen. Anfangs viel es mir noch sehr schwer, von Herzen zu verzeihen, aber ich spürte deutlich, wie ich nach jeder einzelnen Person freier und leichter wurde. Am Ende verspürte ich ein wunderbares Glücksgefühl und hörte wieder die Stimme, die sagte: „Das hast du gut gemacht. Jetzt darfst du einen Schritt weiter gehen."

Als ich wach wurde, war ich so glücklich wie lange nicht mehr. Trotzdem blieb ich skeptisch, ob dieser Traum wirklich eine Bedeutung für meine Zukunft hatte. Ich beschloss, einfach nicht weiter darüber nachzudenken und mich auf mein Gefühl zu verlassen.

-15-

Trotz allen Bemühungen waren meine Stimmungsschwankungen noch nicht verschwunden. Ich hatte eine tiefe, seelische Blockade, das wusste ich genau, doch ich kam einfach nicht weiter. Ich drehte mich im Kreis. Zwischenzeitlich besuchte meine Freundin einen Kurs für schamanisches Heilen. Sie brachte mir ein Buch über dieses Thema mit. Ich wusste genau, es war kein Zufall, dass meine Freundin diesen Kurs absolvierte.

Anhand dieser Methode ist es möglich, auch die seelischen Blockaden, sogenannte „schwarze Flecken der Seele“ zu entfernen. Man braucht eigentlich nichts zu tun, als sich darauf einzulassen. Mithilfe der „Spirits“, den Geistheilern, ist es dann möglich, nach und nach geistige Heilung zu erlangen. Die Selbstheilungskräfte werden aktiviert und man findet wieder zu sich selbst.

Da wir uns früher bereits öfter über diese Heilungsmethode unterhielten, interessierte ich mich sehr dafür. Sofort begann ich das Buch zu lesen. Bereits nach der ersten Seite spürte ich eine unglaubliche Unruhe in mir. Ich hatte das Gefühl, als wolle mich „etwas“ dazu drängen, so schnell wie möglich zu handeln.

Dieses „ETWAS“ wollte nun endlich befreit werden! Ich hatte riesige Angst.

Ein paar Tage später war es dann soweit. Voller Tatendrang rief ich meine Freundin an.

„Würdest Du mit mir ein clearing durchführen?“, fragte ich mit zittriger Stimme. Ich spürte, wie die alte, so bekannte Angst meinen Rücken herauf stieg und mich in Besitz nehmen wollte. Aber diesmal lies ich mich nicht beirren. Ich blieb entschlossen.

„Es reicht. Endgültig. Ich muss diesen Schritt wagen. Ich will und werde mein Leben verändern. Ich habe es satt, immer die Unglückliche zu sein. Ich werde die Angst besiegen. Ich will endlich ich selbst sein!“.

Die Bedeutung dieses letzten Satzes würde mir noch bewusst werden.

Wir nahmen einige Themen durch. Meine Ängste, meine Selbstzweifel, alle möglichen seelische Blockaden ließen wir mithilfe der Geistigen Welt hinter mir.

Dort lag ich dann auf ihrem Wohnzimmerboden. Ich sollte vorher das Gefühl des Themas in einen Stein pusten. Solche Dinge fallen mir gar nicht schwer, ich war schon immer sehr offen für die Spiritualität. Das Gefühl braute sich von ganz alleine in meiner Bauchgegend zusammen. Dann sollte ich im Liegen meine Augen schließen. „Jetzt bitte nicht mehr bewegen, das ist sehr wichtig für den Heilungsprozess“, hörte ich sie leise flüstern. Ich fing sofort am ganzen Körper zu zittern an. Ich hatte mich nicht mehr unter Kontrolle. Alles, sogar mein Kiefer, jeder einzelne Wirbel bis hinunter zum Zeh, bebte. Da ich nicht wusste, was auf mich zukommt, spürte ich große Angst in mir aufkeimen, aber mein Wille, endlich geheilt zu werden, war stärker. Irgendwann beruhigte ich mich völlig. Ich sah etliche Bilder vor mir. Von meiner Familie, aber auch fremde Gestalten. (Mein erstes Gefühl sagte mir, dass es alte karmische Verbindungen waren.) Gerade, als ich mich fragte, ob ich überhaupt etwas von der Energiearbeit spüren würde, durchdrang mich ein gewaltiges, ganz neues Gefühl. Beinahe hätte ich meine Augen geöffnet. Was war das?? Sie pustete mich kräftig an. Aber was soll daran so besonders sein? Es fühlte sich eher an, als hätte sie etwas aus meinem Bauch heraus gezerrt! „Etwas“ riss an mir, es wurde entfernt. Nachdem ich mich beruhigt hatte, wusste ich plötzlich, dass gerade die erste Blockade einfach weg gepustet wurde. Es war ein überwältigendes Gefühl. Ich spürte genau, dass etwas anders war als vorher.

Wir führten insgesamt drei solcher clearings durch. Immer wurde ein „schwarzer Fleck“, eine Blockade, entfernt. Probleme aus der Kindheit, schwarze Punkte und Verletzungen, die sich in meine Seele einbrannten. Sie waren verschwunden! Trotz allen Erfolgen empfahl sie mir eine Heilpraktikerin, die diese Arbeit schon längere Zeit praktizierte. Sie war sehr erfahren auf diesem Gebiet. Wir wussten beide, dass sie noch tiefer ins Thema gehen würde. Es dauerte noch ganze drei Monate bis zu diesem Termin. Ich wusste nicht, ob und wie ich diese lange Wartezeit überbrücken sollte. Ich war bereits voller Panik, wenn ich nur daran dachte! Doch erst fuhren wir nochmal in Urlaub. Einfach mal abschalten. Aber so einfach war es nicht. Auch dort ließen mich meine Ängste nicht in Ruhe und ich konnte leider kaum einen Tag genießen. „Es wird Zeit“, dachte ich. Oder sagte das etwa jemand anderes zu mir?

-16-

Eine ganz neue Chance

Endlich war es soweit. Heute war der Termin. Mein Leben würde sich grundlegend verändern, das spürte ich instinktiv. Auf der Fahrt zu Heilpraktikerin hatte ich jede Menge Zeit zum Nachdenken. Aber es half nichts. Mein Kopf würde mir mal wieder keine Antworten auf meine Fragen geben können. Also versuchte ich, so gut es ging, abzuschalten. Es kribbelte überall in mir und der Weg erschien endlos weit.

Als ich ankam und diese Frau sah, waren alle Ängste und Zweifel erst einmal verschwunden. Sie strahlte eine große Ruhe und Freundlichkeit aus. Man musste sie einfach mögen. Ich malte mir alle möglichen Bilder über ihre Praxis aus. In meinen Vorstellungen waren überall esoterische Bilder, Kerzen, ja vielleicht sogar Voodoo-Puppen! Jetzt schmunzelte ich über meine irre Phantasie. Es war ein ganz normal eingerichteter Raum mit einer Couch, einer Liege, Büromöbeln und zwei Sesseln.

Es saß mir also eine völlig normale und bodenständige Frau gegenüber ohne bunte Kleidchen und Blümchen. Das gefiel mir persönlich sehr.

Sie fragte mich, was der Grund für mein Kommen sei und ich begann zu erzählen.

„Ich habe zwei große Depressionen und zwei Therapien hinter mir. Ich habe eine Schilddrüsenerkrankung. Trotz aller Versuche, meine Probleme in den Griff zu bekommen, verspüre ich keinen wirklich richtigen Erfolg. Ich „funktioniere" zwar wieder, gehe zur Arbeit und einkaufen, aber ich fühle mich so... fremdgesteuert. Es muss noch einen weiteren Grund für meine Probleme geben. Aber ohne Hilfe komme ich einfach nicht dahinter."

Sie stellte gezielt ein paar Fragen über meine Vergangenheit und Familie. Na klar, dachte ich mir, sie hat ja gelernt die richtigen Fragen zu stellen. Ich fragte mich nur, wie sie auf diese Fragen kam... Mir kam es vor, als würde sie mit „etwas" oder „jemandem" zusammen arbeiten.

„Gibt es Alkoholiker in ihrer Familie?"

„Wie bitte? Wie kommen sie denn darauf?“, fragte ich. Jetzt wurde es mir aber unheimlich. Ich verspürte sofort ein Kribbeln im Magen.

„Überlegen Sie genau“, erwiderte sie nur.

Nach einer Weile fiel mir mein Opa ein, der nach zu viel Alkoholkonsum eines Abends, ca. ein Monat vor meiner Geburt, überfahren wurde.

Also erzählte ich ihr von diesem dramatischen Familienschicksal.

Sie nickte nur und beschloss, eine Familienaufstellung durchzuführen. Ich sollte die Menschen, die mir nahe stehen, mich selbst und auch meinen Opa verschiedenfarbig und mit passenden Symbolen auf Blätter malen. Zusätzlich setzte ich beliebig jeweils einen Pfeil dazu, der in irgend eine Richtung zeigte. Am Ende legte ich intuitiv meine gemalten Blätter wirr auf den Boden. Für mich ergab das Ganze gar keinen Sinn. Als ich ihr aber in die Augen sah, konnte ich erkennen, dass sie bereits die Lösung erkannte.

„Was sehen sie? Was fällt ihnen auf?“, fragte sie mich. Ich begann einfach zu reden ohne großartig nachzudenken. Mir fiel auf, dass einer meiner Brüder ganz weit weg von der restlichen Familie lag, dass ich sehr nah bei meiner Mutter lag usw.

„Und was fällt ihnen noch auf?"

„Mein Opa! Er liegt direkt bei mir und meiner Mutter".

„Was noch? Wohin zeigen die Pfeile?"

Augenblicklich wurde mir übel und ich dachte, ich fiele in Ohnmacht. Ängstlich antwortete ich:

„Der Pfeil meines Opas zeigt zu mir und mein Pfeil zu ihm".

In diesem Moment musste nichts mehr gesagt werden. Sie nickte nur. Mein Herz setzte für einen kurzen Moment aus und die Welt schien still zu stehen.

„Dort liegt die Ursache für ihr Problem", hörte ich sie leise sagen.

„Ich habe es gewusst. Ich habe es schon immer gewusst. Er ist bei mir."

Und plötzlich, das erste Mal in meinem ganzen Leben, wusste ich, dass ich nicht verrückt bin.

„Er ist bei mir, er war immer bei mir", flüsterte ich aufgeregt.

Die Therapeutin nickte nur stumm und sah mich voller Mitgefühl an. Mir liefen die Tränen. Es tat gut, dass es endlich jemanden gab, der mich voll und ganz verstand. Mein Herz klopfte wie wild und ich meinte, jeden Moment fallen zu müssen.

„Wir werden jetzt ein clearing durchführen. Haben sie keine Angst. Es wird ihnen nichts geschehen", sprach sie zu mir.

Ich legte mich wortlos auf die Liege und schloss die Augen. Ich vertraute ihr völlig. Und auf einmal empfand ich gar keine Angst mehr. Nur noch pure Dankbarkeit. Es konnte los gehen.

-17-

Als sie anfing, konnte ich kaum ruhig liegen. Ich war nervös und voller Ängste. Allein die körperliche Reaktion war faszinierend. Mal zitterte ich, mal war ich ganz ruhig. Einmal weinte ich, im nächsten Moment musste ich vor Freude fast lachen.

Während der Behandlung gingen mir etliche Bilder und Gedanken durch den Kopf. Ich nahm einen OP-Raum mit alten Fliesen an der Wand wahr. Obwohl ich nicht sah, wer auf der Liege war, wusste ich instinktiv sofort, dass es meine eigene Geburt war. Es dauerte unwahrscheinlich lange, bis ich geboren wurde. Ich empfand das Ganze als sehr unangenehme Geburt. Als ich endlich das Licht der Welt erblickte, lag direkt eine schwere Last auf mir. Das Neugeborene, ich, weinte nicht. Ich hörte mich nur denken: „Warum ich?"

Dann war es wieder dunkel.

Im nächsten Moment hatte ich das Gefühl, als würde mein Herz anders schlagen. Es klopfte viel stärker. Plötzlich sah ich massenhaft viele Blitze vor meinem geistigen Auge. Mein Herz fing an, wild zu rasen. Immer mehr Blitze waren zu sehen.

Im nächsten Moment herrschte wieder völlige Dunkelheit.Wo kommen nur plötzlich diese Kopfschmerzen her? Ich war froh, dass ich noch lebte; mein Herz fühlte sich vor einer Minute noch so an, als hätte es seinen letzten Schlag getan. Der nächste Gedanke, der mir in den Kopf schoss, kam mir schon bekannter vor. Ich konnte mich noch sehr gut daran erinnern.

„Ich werde nicht schreien“, hörte ich mich voller Zuversicht sprechen. Jetzt lag ich selbst im Kreissaal und durchlebte noch einmal die Geburt meines Sohnes.

Die Schreie, die aus meinem zierlichen Körper kamen, schrillten durch das gesamte Krankenhaus. Es fuhr mir ein Schmerz durch den Körper, in dem alles enthalten war, was ich in der damaligen Situation fühlte: Todesangst, Verzweiflung, Trauer und Wut. Mir war klar, dass es eine tiefere Verbindung zwischen meiner und der Geburt meines Sohnes gab. Plötzlich fing ich jämmerlich zu weinen an.

Die Tränen liefen mir die Wangen herunter und ich konnte einfach nicht aufhören. Mit geschlossenen Augen lag ich auf der Liege, aber es kam mir so vor, als hätte ich all das wirklich gerade durchlebt. Als ich da lag und um alles trauerte, was endlich betrauert werden musste, hörte ich die Therapeutin flüstern:

„Und jetzt nehmen sie Abschied von ihm! Sagen sie auf Wiedersehen und bitten sie ihn, ins Licht zu gehen. Jetzt!"

Ich wusste sofort, was sie meinte und meine Seele nahm Abschied von seiner Seele. Ich nahm Abschied von meinem Opa. Ein Mann, den ich nie kennen lernen durfte, aber ihn doch sehr gut kannte. Ich kannte all seine Sorgen und Ängste. Ich lebte sie für ihn weiter.

„Bitte geh ins Licht", sprach ich gedanklich zu ihm. „Ich bin dir dankbar für alles und bin froh, dass du immer bei mir warst und mich behütet hast. Aber jetzt ist es Zeit zu gehen. Ich möchte mein eigenes Leben leben. Und auf dich warten so viele Leute! Deine Frau, dein Sohn, und auch sonst alle, die bereits ins Licht gegangen sind. Die Zeit ist reif. Wir sind jetzt bereit".

Ich spürte deutlich seine Dankbarkeit, dass ich ihn gehen ließ. Endlich. Nun durfte auch er endlich wieder glücklich sein.

-18-

Nach der Behandlung unterhielt ich mich noch eine ganze Weile mit der Therapeutin über das Geschehene. Mir wurde bewusst, dass ich gerade den Unfalltod meines Opas erlebte. Das Ganze klingt wirklich unglaublich, aber es war wirklich so. Ich spürte seine Schmerzen, seine Verzweiflung. Ich sah mich bei meiner eigenen Geburt und bei der meines Sohnes. Es war für mich wie Anfang und Ende.

Er hatte sich nach seinem plötzlichen Unfalltod an meine Seele geklammert, die gerade zur Erde kommen durfte. Er wollte noch nicht gehen. Wie vielen Seelen geht es wohl so?

Als ich nach Hause fuhr, war ich wie in Trance. Mir schwirrten so viele Gedanken durch den Kopf. Ich lachte und ich weinte. So sehr ich mich über die Befreiung meiner Selbst freute, so war ich doch auch unendlich traurig, dass er nun ging. Er war wie ein Teil von mir! Und dennoch bekam ich ein unendlich kostbares Geschenk: Dieses Erlebnis.

Mein Leben lang konnte ich ihn spüren. Und ich dachte immer, ich würde mir alles nur einbilden oder gar verrückt werden. Jetzt hatte ich den Beweis. Er war wirklich immer da. Diese Tatsache stärkte augenblicklich mein Selbstbewusstsein. Ich konnte mir wieder trauen. Es war wie ein Geschenk!

In den nächsten Tagen wurde mir sehr viel bewusst. Viele meiner Ängste waren nicht meine. Sie gehörten zu ihm. Seit er nun weg war, gingen auch einige meiner Blockaden mit ihm. Ich hatte keine Angst mehr, Auto zu fahren. Ich hatte keine Angst mehr vor engen Räumen... Es gehörte alles zu ihm.

Er wurde von einem Auto überfahren und hatte Angst vor Autos. Er arbeitete in einem Bergwerk und hatte Platzangst; konnte sein Leben und andere Menschen am Ende nur noch mit Alkohol ertragen. Er erlebte all diese schlimmen Dinge und übertrug seine Ängste auf mich. Aber mir wurde auch viel positives klar:

Von ihm hatte ich die Freude an Musik und Instrumenten. Von ihm hatte ich meine große Liebe für Tiere! Den Rest meiner Erlebnisse hüte ich wie einen Schatz. n meinem Herzen.

Mein Traum in der nächsten Nacht...

Ich sah meinen Opa, der als eine Art Lichtstrahl in Richtung „Himmel" flog. Dort oben waren etliche Verwandte zu sehen! Alle, die bereits verstorben waren. Meine Ahnen. Oma, Onkels, Cousin... Aber auch viele, die ich nicht kannte.

Sie tanzten alle dort oben wie Kinder und freuten sich unendlich, dass mein Opa endlich zu ihnen kommen konnte. Diese Freude ist mit keiner Freude zu vergleichen, die ich hier auf Erden kenne. Und trotzdem konnte ich sie auch spüren. Sie nahmen ihn in die Arme und er tanzte sofort mit ihnen.

Er war angekommen. Endlich war er wieder glücklich. Er drehte sich nicht mehr zu mir um. Wir hatten uns ja bereits verabschiedet.

-19-

Eine Woche später fuhr ich erneut zur Heilpraktikerin. Diesmal ging es um mein mangelndes Ur-Vertrauen. Ich war sehr schlecht geerdet, fast so, als wäre ich nie richtig auf der Erde angekommen.

Sie wandte dieses Mal eine weitere Heilkunst an, eine Energiefeld-Therapie, auch Klopfakupunktur genannt. Nach einigen Anläufen gelangten wir schließlich erneut zu meiner eigenen Geburt. Es stellte sich heraus, dass ich selbst ein Nahtod-Erlebnis bei meiner Geburt hatte. Deshalb mein mangelndes Vertrauen, mein Gefühl des „nicht geerdet seins". Bei meinem letzten Besuch durfte ich eine Heilreise erleben.

Ich lief über eine Wiese. Sie kam mir sehr bekannt vor. Es war wunderschön. Die Sonne schien; und dort stand er. Der Baum, den ich bereits als Kind in meinen Träumen sah!

Es war genau so, wie ich in in Erinnerung hatte. In seinem Stamm war wieder eine große Öffnung und wieder lud er mich ein, mit ihm auf die Reise zu gehen. Diesmal nahm ich die Einladung an. Ich hatte keine Angst mehr und ich empfand nichts als Dankbarkeit.

Im Inneren des Baumes schien es verschiedene Räume zu geben. Ich ging durch alle Zimmer. Wieder wurden alte Verhaltensmuster aufgelöst und ein Grundstock für mein neues Leben gelegt. Als ich in das letzte Zimmer eintrat, wartete dort ein Geschenk für mich. Ich musste schmunzeln, denn es war riesig, knallrot und mit einer goldenen Schleife versehen. Kitschiger ging es nicht!

Ich wurde aufgefordert, das Päckchen zu öffnen und ich sah... Nichts! Es war völlig dunkel. Mir schossen sofort die Tränen in die Augen. Wieder eine Enttäuschung? Ich hörte eine Stimme, die zu mir sagte: „Bitte um ein wenig Licht!"

Also folgte ich dieser Aufforderung. Plötzlich trat aus dem Geschenk ein grelles Licht hervor. Alles umhüllte mich und mir wurde augenblicklich warm. Hauptsächlich an der Stirn.

„Ist das mein Geschenk?", fragte ich.

„Ja, wir schenken dir das Licht", war die schlichte Antwort.

Wer sprach da? Etwa Gott? Oder seine Engel? Zumindest war es meine ganz persönliche Begegnung mit dem Göttlichen. Es ist sehr schwer zu beschreiben, aber dieses Gefühl, das ich in diesem Moment hatte, war ein völliges Gefühl der Glückseligkeit! Mir wurde klar, dass mir gerade mein Drittes Auge geöffnet wurde oder ich zumindest auf etwas vorbereitet wurde. Ich war sehr gerührt und mein Herz hüpfte vor Freude.

Ich verließ die Räumlichkeiten und den Baum wieder. Als weiteres Geschenk durfte ich mir einen Stein aus dem Bachlauf aussuchen, der die Wiese durchkreuzte.

Als ich meine Augen öffnete und die Therapeutin anschaute, sah ich auch in ihrem Gesicht einen Ausdruck der Freude.

„Ist ihnen klar, was das Licht in dem Geschenk zu bedeuten hatte?"

„Ja", erwiderte ich. „Ich darf anderen Menschen helfen. Endlich. Das war immer mein größter Traum. Mein Herz hat sich das schon immer gewünscht. Und jetzt wird der Traum wahr. Ich werde helfen, zur menschlichen Heilung beizutragen. Irgendwie", sprach ich völlig selbstverständlich aus. Mit Gottes Hilfe. Ich glaube, das ist meine Aufgabe auf dieser Erde. Ich habe schon sehr oft in meinem Leben gezweifelt, ob es Gott wirklich gibt.

Aber für mich ist jetzt völlig klar, dass ich ein Kind Gottes bin, wie wir alle.

Ich habe wieder einen Sinn. Gutes tun.

Ein wohliger Schauer durchfuhr meinen Körper. „Sie dürfen ihre Sensibilität noch weiter aufbauen. Das, was sie immer als Fluch ansahen, wird jetzt ein Segen. Und wenn sie möchten, dürfen sie eines Tages damit arbeiten."

Ja, das sah ich jetzt genau so. Inspiriert von all diesen wunderbaren Ereignissen der letzten Wochen fuhr ich wieder nach Hause. „Ich werde meinen Traum in die Tat umsetzen", dachte ich.

Natürlich wusste ich genau, dass es noch einiger Arbeit bedürfe. Ich führte etliche Heilreisen und clearings durch. Ich war voller Tatendrang, mich endlich ganz und gar zu reinigen.

-20-

In der kommenden Nacht hatte ich wieder einen wundervollen Traum.

Ich durchreiste die halbe Welt. Ich sah Orte,an denen ich vorher noch nie war, die mir aber trotzdem irgendwie bekannt waren. Ich saß auf einem Felsen und schaute auf den endlosen Ozean.Dann hörte ich in der Ferne einen Adler. Er kam direkt auf mich zu und nahm mich mit auf eine Reise. Ohne Worte verstanden wir uns. Wir flogen über grüne, saftige Wiesen. Es sah aus wie in Irland. Sie waren so unendlich schön, dass es schon fast weh tat. Ich empfand großen inneren Frieden auf dem Rücken dieses Tieres. Ich genoss den Wind in meinem Gesicht, die Geräusche um mich herum umhüllten mich wie ein Schutzschild. Es gab keinerlei Ängste oder Zweifel. Nur blindes Vertrauen in die Natur. Von weitem hörte ich einen Geigenspieler, der ein bitter süßes Lied spielte. Mir kamen die Tränen vor Glückseligkeit.

Dann flogen wir über das Meer auf einen anderen Kontinent. Die Landschaft veränderte sich. Es wurde trockener. Ich sah viel Sand unter mir und kahle Bäume. Trotzdem war alles wunderschön auf seine ganz andere Art. Als der Adler landete, sah ich eine Gruppe von Menschen um ein Feuer sitzen. Ich war ganz aufgeregt, denn ich wusste nicht, was auf mich zukommen würde. Als ich näher trat, sah ich fünf Indianer auf Steinen um ein Feuer sitzen. Ich konnte es kaum fassen! Warum sollte ICH das große Glück haben und mich einfach mal so an ein Feuer mit fünf Indianern setzen dürfen? Aber sie waren so vertrauenswürdig! Also beschloss ich, mich zu ihnen zu gesellen. Lange Zeit wurde nichts geredet. Es tat so gut. Wir verstanden uns ganz ohne Worte. Es waren mehr Gefühle, die auf mich über sprangen.

„Du bist auf einem sehr guten Weg", hörte ich einen von ihnen sagen. „Arbeite weiter so hart an dir und deine Mühe wird bald belohnt werden. Es ist noch ein langer Weg, und du wirst immer wieder an dir zweifeln, aber höre nicht auf zu vertrauen. Dann wird alles gut. Bleibe mit deinem Herzen dabei."

Das war alles, was er sagte. Ich konnte nur staunen. Sie wandten sich von mir ab und ich wusste sofort, dass es nun an der Zeit war, meinen Rückweg anzutreten. Der Adler wartete auf mich. Ich setzte mich wieder auf seinen Rücken und wir flogen über das Meer zurück nach Hause.

Als ich wieder wach wurde, setzte sofort mein Kopf wieder ein. „Na, das war mal eine Reise... Aber es war ja nur ein Traum. Warum sollte gerade ich so etwas erleben dürfen?"

Aber trotz allen Zweifeln blieb das Gefühl in meinem Herzen. Ein Gefühl, dass es kein plumper Traum war, sondern ein sehr kostbares Erlebnis. Doch es war sehr schwierig, in diesem Glücksgefühl zu bleiben, denn der Alltag war ja auch noch zu bewältigen. Da war noch mein kleiner Sohn, der mich dringend brauchte, mein Mann und meine Familie. Also fing der Trott mich wieder ein. Aber das war auch gut so. Ich merkte, dass sich alles leichter erledigen ließ! Nichts war mehr so schwer wie vorher. Ich fand sogar immer mehr Spaß an meinem Alltag, den ich vorher als grau und langweilig empfand. Ich konnte wieder lachen! Ich hatte wieder Spaß an meinem Leben!

In den nächsten Wochen und Monaten bekam ich immer wieder Zeichen und Inspirationen. Ich be- gann, mich in der kommenden Zeit fortzubilden.

„Ich gehe jetzt meinen ganz eigenen Weg. Meinen Lebensweg in meiner Bestimmung. Mal sehen, was noch alles auf mich zukommen wird, denn ich habe noch lange nicht zu Ende gelernt", sage ich zu mir selbst.

Natürlich bin ich nicht vollständig geheilt oder gar „erleuchtet". Es kommen immer wieder Tiefpunkte, in denen ich an mir selbst zweifele. Zeitweise bade ich mich in Selbstmitleid, weil alles, nach meiner Meinung, so langsam voran geht. Der Heilungsprozess geht mir dann nicht schnell genug und ich stelle immer wieder zu hohe Anforderungen an mich selbst. Immer wieder kreisen meine Gedanken darum, wohin ich gehen werde und soll, welche Aufgabe ich überhaupt hier habe, was mir bereits alles widerfahren ist usw.

Aber was ist mit dem JETZT? Ich verpasse die wertvolle Gegenwart, weil ich dauernd über Vergangenheit und Zukunft nachdenke! Bis ich eines Tages meinen Kalender aufklappte und las:

„27.August 2008.

Heute hat sich mein Leben grundlegend verändert..."

1 Jahr! Es war nur 1 Jahr! Was ist schon ein Jahr der Heilung im Vergleich zu 30 Jahren Leben mit Angst und Unsicherheit?

Seit ich mir dessen bewusst wurde, geht es mir jeden Tag besser. Allein deswegen bin ich unendlich dankbar. Auch meine Einstellung hat sich geändert. Ich habe beschlossen, nicht mehr zu jammern (kleine Rückfälle nicht ausgeschlossen...), weil alles so schlecht ist, der Vergangenheit und meiner verlorenen Jugendzeit nachzutrauern. Ich lasse meine begrenzenden Gedanken los. Je besser mir das gelingt, desto mehr fange ich an,mich zu freuen, was ich heute alles tun kann und dass alles möglich ist. Wenn ich nur daran glaube.

Eines Tages, bei einem Spaziergang, betete ich zu Gott und seinen Helfern, sie mögen mir ein liebevolles Zeichen geben, was ich als nächstes tun soll.

„Liebe Dich selbst!"

Das war die schlichte Antwort.

Ja, es stimmt. Erst wenn man sich selbst liebt, ist man dazu imstande, anderen Menschen Liebe zu geben. Das ist wohl die schwierigste Aufgabe für viele Menschen. Auch für mich. Ich begreife, dass nichts in der Welt wichtiger ist, als in Frieden und Einklang mit seinem Umfeld und der Natur zu leben und meine Liebe weiterzugeben. Mal sehen, wohin mich meine Reise noch hinführen wird.

Eine Frage stellte ich mir zwischenzeitlich immer wieder: Warum? Warum musste ich durch die Zeit der Angst? Warum musste ich, nachdem es mir wieder besser ging, eine Depression erleiden? Warum musste ich größte Todesängste bei der Geburt meines Sohnes erleiden?

Ich habe nur eine Antwort erhalten. Dass alles zu meinem Besten ist und es so kommen musste. Ich hatte und habe immer noch vieles aufzuarbeiten und zu klären. Das hätte ich wohl nie getan, wenn es mir nicht so schlecht ergangen wäre!

Aber eines weiß ich genau: Ich bin in dieser Zeit der Genesung erwachsen geworden. Ich bin selbständig und kann mich heute liebevoll um meinen Sohn kümmern, zu dem ich mittlerweile ein sehr inniges Verhältnis habe.

-21-

An dieser Stelle sollte dieses Buch mit all meinen Erfahrungen eigentlich zu Ende sein, ich dachte, ich hätte genug für mich getan. Doch es kam ganz anders als erwartet.

Ungefähr 2 Jahre später ging es nochmal so richtig zur Sache. Heute weiß ich, dass diese weitere Erfahrung sehr kostbar für mich ist, doch damals konnte ich alldem nichts positives abgewinnen, so sehr ich mich auch bemühte.

Alles fing mit einem sehr erfreulichen Ereignis an: ich war zum zweiten Mal schwanger. Ich hätte nie geglaubt, dass ich, nach all den schmerzhaften Erfahrungen mit meinem ersten Kind, mich noch einmal dazu entschließen könnte! Doch es war genau so gewünscht. Ich spürte, dass noch ein Teil in dieser Familie fehlte. Jemand wollte noch dazu kommen. Ich wusste vom ersten Tag an, dass es ein Mädchen werden würde. Ich träumte sogar von ihr und war bei der Geburt völlig überwältigt, dass sie genau so aussah wie in meinem Traum.

Die Schwangerschaft verlief ganz anders als bei meinem Sohn. Genau 3 Monate lang litt ich unter starker Übelkeit. Ich musste mich immer wieder überwinden, überhaupt vor die Tür zu gehen, da ich Angst hatte, mich irgendwo in der Öffentlichkeit übergeben zu müssen. Aber ich musste mich ja um meinen 4-jährigen Sohn kümmern und das war auch gut so. Ansonsten war ich überglücklich! Ich fand mich hübsch, fühlte mich wohl und mein Bauch wurde immer größer und größer. Das Glück wurde perfekt, als wir ein kleines Häuschen mit Garten fanden. Endlich raus aus der Mietwohnung im zweiten Stock! Ich war fest überzeugt, dass es mir dieses Mal anders ergehen würde.

Wir wohnten eine Woche in unserem neuen zu Hause und ich war bereits Anfang des 8. Monats der Schwangerschaft. Ich stand am Herd und kochte in der Küche das Mittagessen. Plötzlich spürte ich ein starkes Druckgefühl in der Brust und mir wurde extrem schwindelig. Es fühlte sich an, als wäre etwas „verstopft" und ich wusste sofort, dass etwas ganz und gar nicht in Ordnung war.

Ich bat meinem Mann, er solle sofort den Notarzt rufen und legte mich ins Bett. Ich wurde von

Minute zu Minute kraftloser, doch erstaunlicherweise war ich ganz ruhig.

-22-

Als die Sanitäter ankamen und mich untersuchten, waren sie der Meinung, es sei nichts ernstes, doch zur Sicherheit würden sie mich ins nächste Krankenhaus bringen. Als ich dort ankam, nahm mich auch dort niemand wirklich ernst. Der junge Arzt der Notfallambulanz meinte, ich könne ruhig nach Hause gehen und da Feiertag war, würden eh keine weiteren Untersuchungen erfolgen außer die Blutentnahme. Ich ließ mich aber nicht „abwimmeln", denn meine innere Stimme drängte mich, da zu bleiben. Ich verlangte eine stationäre Aufnahme, sehr zum Verdruss dieses Arztes. Nur wegen meiner Beharrlichkeit willigte er ein und ich bekam ein Bett auf der Station.

Es dauerte ganze 12 Stunden, bis ich den nächsten Arzt zu Gesicht bekam. Es war nachts, 2 Uhr. Er trat an mein Bett und weckte mich.

„Bitte wachen sie auf, wir haben ihre Blutergebnisse. Versuchen sie ganz ruhig zu bleiben. Sie hatten einen Herzinfarkt."

„Einen Herzinfarkt? Ich? Wie ist das möglich?“, fragte ich erstaunt und eingeschüchtert.

„Wir verlegen sie jetzt auf die Intensivstation. Dort werden wir weitersehen“, antwortete der Arzt.

Ich weiß noch, dass ich völlig ruhig war. Ich war sogar ein wenig stolz, dass ich mich auf mein Gefühl und meine innere Stimme verlassen habe. Das erste mal bekam ich eine Art Panik, als ich an meinen Sohn dachte und an meine ungeborene Tochter in meinem Bauch. Wie es ihr wohl geht? Wird sie noch gut genug von mir versorgt? Muss mein Sohn vielleicht ohne Mama aufwachsen? Als ich in einen Raum auf der Intensivstation geschoben wurde, sagte ich leise und mehr zu mir selbst:

„Ich gehe noch nicht“.

„Wo wollen sie denn hin?“, fragte die Intensivschwester.

„Na, zu Gott! In den Himmel oder wohin auch immer. Ich bleibe hier!“. Ich sprach mit fester Stimme, denn davon war ich wirklich überzeugt. In diesem Moment änderte sich die Energie im Raum.

Waren die Engel da? Es fühlte sich zumindest so an, als würde ich beschützt werden und ich wusste, dass ich Unterstützung aus der geistigen Welt bekam, so viel war klar. Mittlerweile konnte ich mich auf dieses Gefühl verlassen, schließlich hatte ich bereits einige Erfahrungen im Umgang mit der Geistigen Welt gesammelt. Ich wurde wieder ganz ruhig.

„Natürlich bleiben sie da", antwortete die Schwester. Aber ihre Antwort war mir gar nicht wichtig. Ich sprach mit jemand ganz anderem...

-23-

Noch in dieser Nacht wurde ich in eine Universitätsklinik verlegt. Ich weiß noch, dass ich auf der Fahrt dort hin mit dem Sanitäter witzelte.

„Fahren wir jetzt mit Blaulicht?“, fragte ich ihn.

„Ja, das mache wir nur für sie“, schmeichelte er mir lächelnd.

„Toll, das wollte ich auch schon immer mal erlebt haben“, erwiderte ich und lächelte. Dann schloss ich einfach die Augen und versuchte, die Fahrt zu genießen.

Als wir dort ankamen, wurde ich von Ärzten und Schwestern empfangen. Der Dienst habende Arzt kam an die Trage und sagte locker zu mir: „Na, was machen sie denn für Sachen? War es ihnen zu langweilig, nur schwanger zu sein? Hatten sie sonst nichts zu tun?“

Es war mir sehr angenehm, dass er so locker mit der Situation umging, so bekam ich wenigstens nicht noch mehr Angst.

Ja, ich hatte Angst. Ich wusste nicht, wie es nun weiter ging. Ich war noch nie in meinem Leben im Krankenhaus! Dies war nun meine ganz persönliche Premiere... Aber trotzdem war ich weiterhin erstaunlich ruhig. Ich wundere mich heute noch über mich selbst. Eigentlich reagiere ich bei unangenehmen, mir neuen Situationen oft mit Unsicherheit und Ängstlichkeit.

Ich wurde gleich in einen speziellen Raum gebracht. Dort führte der Professor eine Herzkatheter-Untersuchung durch. Es stellte sich heraus, dass ich eine Thrombose in einem Herzgefäß festgesetzt hatte. An einer völlig untypischen Stelle, wie mir später erklärt wurde. Dort fließt das Blut normalerweise so schnell, dass gar nichts „hängen bleiben" kann.

„Sie hatten Glück im Unglück. Wir mussten keine weiteren Maßnahmen einleiten, als diesen Thrombus ab zu saugen. Alles ist zu unserer vollsten Zufriedenheit verlaufen. Machen sie sich keine Sorgen. Am Besten, sie versuchen jetzt ein wenig zu schlafen."

Die nächsten Tage verbrachte ich auf der Intensivstation. Dort sickerte dieses Ereignis im Laufe der Zeit in alle meine Zellen und kam erst richtig an. Mir wurde bewusst, was passiert war. Und als sich mein Ego meldete, bekam ich es mehr und mehr mit der Angst zu tun. Am schlimmsten war es, als mein Mann und meine Eltern mich besuchen kamen. Ich musste sehr viel weinen und ich glaube, sie auch. Manchmal fragte ich mich, wie sie sich momentan wohl fühlen mussten. Wieder einmal machte ich ihnen Ärger.

Meinem Baby ging es zum Glück prächtig. Ihr fehlte es an nichts. Sie war stark, von Anfang an. Viel stärker als ich, redete ich mir ein. Ich weinte sehr viel, denn wieder einmal war ich so enttäuscht von meinem Leben. Mein so mühsam erarbeitetes Vertrauen wurde wieder hart auf die Probe gestellt.Heute weiß ich, dass ich nie genug Vertrauen aufgebaut habe; ich war gerade erst am Anfang.

Noch nie habe ich mir und meinem Leben richtig vertraut. Diese Erkenntnis machte mich unendlich traurig. In solchen Momenten sprach meine Tochter zu mir: „Mama, sei stark! Wir schaffen das!"

Diese Stimme kam direkt aus meinem Bauch. Ein wunderbares Gefühl, das mir immer wieder Kraft gab. Ich wusste, dass dieses Ereignis kein Zufall war. Es gibt keine Zufälle. Ich sollte aus irgendeinem Grund diese Erfahrung durchleben. Vielleicht würde ich irgendwann eine Antwort erhalten.

-24-

Die Ärzte und Pfleger der Intensivstation kümmerten sich sehr gut um mich. Doch nach 4 Tagen wurde ich auf die gynäkologische Abteilung verlegt. Die nächsten 3 Wochen sollte ich dort verbringen. Ich bekam eine mir angepasste Dosis an Blutverdünnung, die ich mir selbst spritzen musste. In dieser Zeit hatte ich viele Gelegenheiten, mich meinen größten Feinden zu stellen:

Unsicherheit, Einsamkeit, mein mangelndes Selbstwertgefühl, Ungeduld, die Angst vor dem Tod....

Ich wusste ganz tief in mir drin, dass alles gut war. Aber da gibt es noch meinen größten Feind: Meinen Verstand. Sobald ich begann, über das Geschehene nachzudenken, empfand ich große Angst und Unsicherheit.

„Wird wirklich alles gut gehen? Wie geht es meinem Herzen jetzt? Ist mein Zustand wirklich so stabil, wie die Ärzte behaupten? Oder sagen sie mir das nur, um mich zu beruhigen? Was ist, wenn ich eine Art Rückfall habe? Geht es mir in Wirklichkeit schlechter, als mir es gesagt wurde?" Immer und immer wieder kamen mir diese Gedanken in den Sinn. Ich weinte unendlich viele Tränen. Immer wieder. Tränen der Trauer, der Verzweiflung, der Angst. Zwischendurch war ich dann wieder sehr zuversichtlich und wusste, dass alles gut wird. Ein Wechselbad der Gefühle.

Dazu kam noch, dass jeder Arzt oder Professor, der mein Krankenzimmer betrat, etwas anderes erzählte, eine andere Meinung hatte und mir alles bis ins kleinste Detail erörterte. Es waren alle möglichen Kommentare dabei. Einmal war alles in Ordnung, ein anderes Mal taten sie so, als sei ich todkrank. Es war schrecklich. Sie gingen mit mir um wie mit einer Puppe. Ich kam mir vor wie eine Art Versuchskaninchen; solche Fälle wie mich gab es ja nicht jeden Tag!

Was die Geburt betraf, verlangte ich einen Kaiserschnitt. Unter normalen Umständen hätte ich es auf natürlichem Wege versucht, doch so sah ich keine andere Wahl. Ich wollte meinem Körper nicht noch mehr Stress zumuten. Doch bei dieser wichtigen Entscheidung wollten sie mir Steine in den Weg legen. Wahrscheinlich ging es darum, ein Experiment zu starten: schafft eine schwangere

Frau trotz Herzinfarkt eine natürliche Geburt? Oder nicht? So kam ich mir zumindest vor. Da ich einer spontanen Geburt nicht sofort zusagte, zählten sie mir alle möglichen Risiken eines Kaiserschnittes auf. Es war alles dabei. Ich könnte auch verbluten, da ich ja aufgrund der Thrombose Blut verdünnende Medikamente spritzen musste. Ich hatte in diesen Wochen unendlich viel Angst und meine Unsicherheit wurde immer größer. Ich fühlte mich völlig ausgeliefert. Was sollte ich tun? Friss oder stirb! Mein ganz eigener Knast in meinem eigenen Körper. Wem sollte ich glauben? Den Ärzten oder meinem Gefühl? Denn das sagte etwas ganz anderes als die Ärzte, schließlich dauerte die Geburt meines Sohnes 30 Stunden! Könnte ich mich wirklich auf dieses Gefühl verlassen? Oder würde ich gerade dann sterben? Eigentlich stellte sich nur noch die Frage, ob und wer überleben würde. Mein Kind? Ich? Niemand von uns, oder doch beide?

Die rettende Idee kam schließlich von meiner Schwester. Ihr Bekannter war Anästhesist in einer anderen Klinik. Sie gab mir die Telefonnummer, um mich bei einer neutralen Person über die möglichen Risiken einer Operation aufklären zu lassen. Es war ein Geschenk des Himmels.

„Mach dir keine Gedanken“, beruhigte er mich.

„Natürlich gibt es bei einer Operation immer Risiken, aber in deinem Falle sind sie doch sehr übersichtlich. Warum solltest du verbluten? Kurz vor dem Eingriff setzt man das Medikament kurzzeitig ab, das kann alles genau geplant werden. Wir haben sehr oft Patienten, die Blut verdünnende Medikamente einnehmen müssen. Dann dürften wir ja niemanden operieren! Und auch bei einem Notfall gibt es die nötigen Gegenmedikamente.“

„Das war genau das, was mein Gefühl auch sagte“, erwiderte ich. Ich bedankte mich bei ihm und legte auf.

„Also war doch alles nur Angstmacherei der Ärzte“, dachte ich. „Das war einfach unmenschlich! Warum spielen sie so mit den Unsicherheiten der Patienten? Kaum ein Arzt war sensibel genug; man wurde behandelt wie eine Maschine. Aber ohne mich! Das lasse ich nicht mit mir machen. Ich entscheide mich für einen Kaiserschnitt.“

Ich dachte noch einmal über all das Geschehene nach. Warum stressten mich all die Menschen so sehr? Warum ließ ich mich so verunsichern? Ich glaube, meine momentane Aufgabe ist, dass ich zu meinen Bedürfnissen stehe! Ich darf mich nicht mehr verunsichern lassen von all diesen Kommentaren diverser Ärzte. Es bringt mich nur noch mehr durcheinander als ich eh schon bin. Ab jetzt möchte ich mich wieder wertschätzen und auf meine innere Stimme, meine Intuition, hören. Es gab so viele Momente, da hörte ich gar nicht auf mich. Das gilt für meine Momentane Lebenslage, aber auch für viele Situationen in den letzten Jahren. Da war immer eine Stimme, die mich führen wollte. Die mich in gewissen Momenten gewarnt hat. Aber ich habe sie immer missachtet, einfach überhört. Mir wird es nun immer klarer. Es ist diese leise innere Stimme, die sagt: „Das würde ich jetzt lieber lassen“, oder „hör auf, das tut dir gerade nicht gut“....

Und sofort setzt der Verstand ein; das Ego meldet sich: „Ach was, so ein Quatsch, das schaffst du schon! Da musst du jetzt durch, stell dich nicht so an!“

Zur aktuellen Situation passte es ja auch. Ich ließ mich dauernd verunsichern von Menschen, die zu wissen glaubten, was das Beste für mich ist. Aber das weiß man nun mal am Besten selbst! Natürlich war ich unendlich dankbar, dass die Ärzte in der Klinik mir so kompetent geholfen haben.

Aber alles, was danach kam, war pure Angstmacherei. Ich hatte das Gefühl, man wird abhängig von dem, was die Ärzte sagen.

Also, das eindeutige Fazit in dieser Sache war: Verlass dich auf dich selbst! Niemand kennt dich so gut wie du dich! Habe dich lieb und wertschätze dich. Wer sagt schon, dass es leicht ist, seinen ganz eigenen Weg zu gehen? Aber wenn man zu sich und seinen Bedürfnissen steht und sich lieb hat, kann es nur besser werden!

-25-

Mein Kampfgeist war geweckt. Als ich mit den Ärzten sprach und ihnen meine Entscheidung mitteilte, begann die Ärztin sofort, sich herauszureden.

„Das kann ich nicht entscheiden und der Professor ist nicht im Hause", sprach sie. „Kommen sie doch einfach zum ausgemachten Termin in die Klinik und dann sehen wir weiter."

„Ich lasse mich jetzt auf keinen Fall abwimmeln", herrschte ich sie an. Ich war fest entschlossen. „Entweder sie geben mir jetzt ihr „OK" für die Operation oder ich gehe in ein anderes Krankenhaus!"
Ich wurde auf stumm geschaltet und es dauerte einen Moment, bis ein anderer Arzt zu mir sprach:

„Kommen sie zum genannten Termin in die Klinik.Wir werden natürlich auf ihren Wunsch eingehen und den Kaiserschnitt durchführen."

Als ich auflegte, fühlte ich ich wie befreit. Und ich war wieder stolz auf mich! Ich habe mich gegen eine Horde Ärzte durchgesetzt! Das hätte ich mir nie zugetraut! Alles wird gut...

Am Tag der Entbindung war ich ruhig und zuversichtlich. Ich war froh, dass dieser ganze Horror bald ein Ende haben würde und ich endlich mein Baby in den Armen halten könnte.

Am Abend vor der Operation habe ich eine Klopf-Therapie angewandt, die ich mir vorher angeeignet hatte. Damit konnte ich mich sehr gut beruhigen und die Angst vor dem Eingriff lindern. Beruhigungsmittel waren wegen dem Baby nicht möglich. Das Klopfen hatte sehr gut gewirkt. Die Ärzte waren sehr freundlich zu mir, redeten mir beruhigend zu.

Als es dann endlich so weit war und ich meine Tochter das erste Mal sah, war ich überwältigt und sehr gerührt. Ja, sie sah wirklich aus, wie ich sie in meinem Traum sah. Und sie schrie lauthals durch den Raum. Ein gutes Zeichen! Sie ist stark, das wusste ich von Anfang an. Sie wurde zur Untersuchung in ein Nebenzimmer gebracht und ich musste zur Vorsorge eine Nacht auf der Intensivstation verbringen. Diese 24 Stunden sollten mir wieder einmal die Willkür der Ärzte und Schwestern genau vor Augen führen.

Ich sollte mir in regelmäßigen Abständen Schmerzmittel verabreichen, indem ich immer wieder auf einen Knopf drückte, der über meinem Kopf baumelte.

„Aber ich habe gar keine Schmerzen", widersprach ich. Ich habe viele Medikamente nie gut vertragen, deshalb wusste ich, dass ich vorsichtig sein musste.

„Sie verabreichen sich alle 10 Minuten dieses Schmerzmittel, dann kann erst gar kein Schmerz entstehen.", war die sehr kühle Antwort der Krankenschwester.

„Naja", dachte ich, „wenn die das sagen, dann muss es wohl so sein. Schließlich haben die Leute die Erfahrung, die mir fehlt."

Also gehorchte ich brav und gab mir alle 10 Minuten, wie befohlen, einen „Schuss". Als ich das dritte Mal auf den Knopf drückte, wurde mir extrem schwindelig und ich bekam Herzrasen. Ich war sofort in Alarmbereitschaft und rief nach der Schwester. Nach gefühlten endlosen Minuten trat die Schwester völlig emotionslos an mein Bett heran. Ich erklärte ihr, dass ich wohl das Schmerzmittel nicht ertrug, aber sie glaubte mir nicht. Ich war ganz auf mich alleine gestellt und schaffte es irgendwie, mich ein wenig zu beruhigen. Doch der extrem starke Schwindel blieb und es wurde immer schlimmer. Ich fühlte mich, als hätte ich Drogen zu mir genommen; wie in Watte gehüllt. Doch ich traute mich kein Wort mehr zu sagen. „Verträgt mein Herz die vielen Medikamente?“, fragte ich mich dauernd.

Nach einiger Zeit kam noch ein starkes Übelkeitsgefühl dazu. Wieder rief ich nach der Schwester, die mittlerweile schon etwas genervt von mir war. Ich erklärte ihr mein Befinden und sie gab mir – mal wieder – ein Medikament gegen Übelkeit. Wenigstens ging es mir danach im Magen etwas besser. So ging es die ganze Nacht weiter und an Schlaf war nicht zu denken. Ich war unendlich müde, aber es schien, als würde der Medikamenten–Cocktail mich wach halten. Irgendwann in dieser Nacht kam eine andere Schwester herein und wollte mir, ohne mir zu sagen um was es ging, das nächste Medikament spritzen. Ich konnte gar nicht schnell genug reagieren; schon hatte sie es mir verabreicht. Ich war völlig benebelt, doch ich schaffte es zu fragen, um welches Mittel es sich dieses Mal handelte.

„Antibiotika. Rein zur Vorsorge. Ist eine Standard-Maßnahme“, war die unfreundliche Antwort.

„Welches Antibiotika? Ich vertrage nicht alle Sorten!“, erwiderte ich erschrocken.

Natürlich war es ein Medikament, das ich nicht gut vertrage. Ich ärgerte mich über die willkürliche Art und Vorgehensweise. Doch gleichzeitig traute ich mich nicht, etwas zu sagen. Die Situation war diskriminierend. Also ließ ich alles über mich ergehen. Als der nächste Morgen graute, konnte ich kaum noch die Augen aufhalten. Ich fühlte mich nach den vielen Medikamenten, als wäre ich gar nicht in meinem Körper. Ich konnte nur sehr mühsam reden. Die Ärzte gingen darauf gar nicht ein und sie schauten mich an, als wüssten sie eh keine Antwort darauf. Ich wurde auf die gynäkologische Station verlegt. Die Krankenschwester, die mich abholte, kannte ich schon. Ich war unendlich erleichtert, endlich ein mir bekanntes Gesicht zu sehen.

„Sie bekommen ein Einzelzimmer“, flüsterte sie mir leise zu. Ich weinte vor Erleichterung. Mit ihrem langen, blonden Lockenhaar sah sie aus wie ein Engel; mein ganz persönlicher Engel.

„Ich bringe ihnen auch gleich ihr Baby. Es geht ihr sehr gut. Sie müssen sie ja schon vermissen.“

Im Zimmer angekommen, war ich so froh und ich konnte nur noch weinen. Alle Anspannung der letzten Wochen und Monate fiel von mir ab, als sie mir meine kleine Tochter in die Arme legte. Erschöpft fiel ich sofort in einen tiefen Schlaf.

-26-

Die nächsten Tage verliefen größtenteils angenehm ruhig, ich hatte kaum Schmerzen und ich erholte mich erstaunlich schnell. Auch das hätte ich mir vorher nie zugetraut. Ich hatte meine kleine Tochter die ganze Zeit bei mir. Diese kostbare Zeit würde ich mir nicht noch einmal von einer Depression oder ähnlichem verderben lassen. Ich wollte die Zeit mit diesem wunderbaren Geschöpf Voll und Ganz genießen. Eine Woche später verließen wir endgültig das Krankenhaus. Endlich war ich befreit von diesen fremden Menschen, die es verlernt hatten, menschlich und einfühlsam zu sein.

Zu Hause verlief alles bestens. Meine Tochter war sehr unkompliziert und mein Sohn war sehr verliebt in seine kleine Schwester. Doch die Wochen in der Klinik hatten mich doch mehr gestresst, als ich zugeben wollte. Ich nahm rapide an Gewicht ab. Dies ist bei mir ein eindeutiges Zeichen für Stress. Ich litt immer wieder unter Schwindelanfällen. Ich hatte das Gefühl, als würde etwas in mir brodeln. Ich hatte keine Ahnung, was mit mir los war, aber ich war zunehmend nervös und mit dieser Nervosität kam die Angst zurück. Ich musste immer wieder an die Zeit in der Klinik denken. Diese unterschiedlichen Kommentare der Ärzte verunsicherten mich wohl mehr, als ich erst zugeben wollte. Auf der einen Seite wurde mir gesagt, mein Herz sei völlig gesund und ich könne einfach so weiter machen wie bisher. Der andere Teil hörte sich allerdings ganz anders an. Ein Arzt sagte mir bei einer Ultraschall-Untersuchung, ich hätte ein Aneurysma am Herzen und man können den Schaden deutlich erkennen. Ich müsse dringendst etwas für meine Kondition tun. Mein Hausarzt meinte, das sei alles Quatsch! Was dachten die sich? Ich hatte gerade unter schwersten Umständen ein Kind auf die Welt gebracht! Jetzt sollte ich auch noch Sport treiben? Es schien für mich unmöglich! Ich fragte mich immer wieder, wer wohl Recht hätte. Und je mehr ich über meinen Gesundheitszustand nachdachte, kam sie mit voller Wucht zurück: Die Angst.

Ich wurde immer unsicherer, je mehr ich darüber nachdachte. Und mit der Unsicherheit kamen die Panik-Attacken. Es war ein Teufelskreis. Immer und immer wieder fragte ich mich, ob mein Herz wirklich gesund sei, oder ob ich mit Spätfolgen rechnen müsse.

Mein Zustand verschlechterte sich Tag für Tag und ich zog mich immer mehr zurück. Nachts konnte ich nicht mehr schlafen, tagsüber war ich ausgelaugt. Auf der einen Seite wollte ich niemandem zur Last fallen, doch ich brauchte dringend die Hilfe meiner Familie. Alleine war ich kaum noch in der Lage, den Alltag zu bewältigen, so viel Mühe ich mir auch gab. Bei meinen Kindern versuchte ich immer, mir nichts anmerken zu lassen und stark zu sein. Doch innerlich tobte ein Sturm und ich hatte eine Panik-Attacke nach der anderen. Mein Kopf hatte wieder die Macht übernommen und ich hatte mir eingeredet, dass nicht gesund war. Ein kleiner Teil in mir wusste immer, dass körperlich alles in Ordnung war, doch ich konnte ihm einfach nicht glauben. Ich bekam Angst vor dem Leben und Angst vor dem Tod. Ich hatte Angst, mich zu überlasten und somit machte ich immer weniger. An Sport war nicht zu denken, denn ich traute mich einfach nicht, mein Herz zu belasten. Ich war verzweifelt. „Warum ich?", fragte ich mich dauernd. „Ich war doch vor der Schwangerschaft so frohen Mutes und habe endlich wieder vertraut, und ich wurde schon wieder so enttäuscht."

Es tat so weh. Ich verstand einfach nicht, zu welchem Zweck dies alles diente. Mein Vertrauen war wieder einmal gebrochen. Ich musste meinem Ego immer regelmäßig beweisen, dass alles in Ordnung war, deshalb ließ ich regelmäßig ein EKG durchführen. Es war immer völlig in Ordnung. Der Arzt sagte zu mir:

„Es ist nur eine klitzekleine Narbe an ihrem Herzen, damit können sie sehr gut leben. Sie sind stark und ihr Herz ist es auch. Organisch ist alles gut!"

Er wollte, dass ich Antidepressiva schluckte, und dieses Mal war ich verzweifelt genug, um es auszuprobieren. Es war ein furchtbares Erlebnis. Ich reagierte sofort darauf mit starkem Schwindel. Ich wurde sehr müde von diesem Medikament und wollte schlafen, doch innerlich war ich aufgepeitscht. Alles um mich herum schien nicht real zu sein. Das war der endgültige Beweis, dass ich dieses Zeug einfach nicht vertrug. Ich entschied mich für die sanftere Methode und schluckte Naturheilmittel; damit war mir viel besser geholfen. Doch dies muss natürlich jeder für sich selbst entscheiden!

-27-

Trotz all des Schmerzes hatte sich etwas verändert: Es war zwar eine äußerst unangenehme und schmerzhafte Erfahrung, die ich niemandem auf der Welt wünsche, aber durch all meine früheren Erfahrungen wusste ich jetzt ganz genau, was zu tun war. Ich brauchte alternative Methoden, um Heilung zu erlangen. Ich wollte mich nicht einfach meinem Schicksal überlassen, sondern mein Leben in die Hand nehmen. Für mich und meine Familie. So konnte ich nicht leben. Ich habe nicht umsonst noch eine wunderschöne Tochter zur Welt gebracht! Das Leben muss noch mehr für mich bereit halten. Ich möchte jetzt endlich die lichtvolle Seite kennen lernen. Ich war bereit, die Opferrolle hinter mir zu lassen.

In dieser Zeit machte ich viele clearings und wie bei einer Zwiebel, die man Schicht für Schicht löst, verschwanden Schritt für Schritt alte Belastungen und Blockaden. Die Probleme lagen hauptsächlich im Herzchakra. Mangelnde Selbstliebe und alte Glaubenssätze ließen mich immer wieder krank werden. Ich hatte mir eingeredet, ich hätte es nicht verdient, gesund und glücklich zu sein. Warum? Das wusste ich nicht. Vieles war auf meine Kindheit zurückzuführen, denn ich dachte immer, ich müsse mich anpassen und verstellen, um geliebt und akzeptiert zu werden. Doch das ist natürlich genau falsch, denn dadurch ist man nicht mehr der Mensch, der man ursprünglich sein sollte. Jeder hat eine andere Aufgabe auf dieser Welt, doch ich konnte meine einfühlsame und hochsensible Seite nicht annehmen. Bis jetzt. Ich gliederte mich Schritt für Schritt wieder in den Alltag ein. Ich konnte meinen Sohn wieder in den Kindergarten bringen, ging alleine einkaufen und kümmerte mich um den Haushalt. Es fühlte sich fantastisch an! Ich wurde innerlich immer ruhiger.

Eines Tages kam ich durch die intensive Arbeit im Kern an. Doch ich merkte, dass ich nicht weiter kam. Ich wusste einfach nicht, was mein Problem war, also konnte ich mich auch nicht richtig einfühlen. Ich beschloss, mich einer Hypnose-Therapie zu unterziehen. Ich weiß nicht warum, aber diese Heilmethode war immer die, vor der ich größte Angst hatte, doch nun wusste ich, dass es sein musste. Ich hatte so viel bewältigt und hinter mir gelassen; jetzt würde ich das letzte Stück auch noch schaffen! Ich war der festen Überzeugung, dass auch ich in Gesundheit leben durfte!

Die Behandlungen waren ein Geschenk des Himmels! Auch die Begegnung mit der Therapeutin, denn es stellte sich heraus, dass sie nicht „nur" klassische Hypnose durchführte, sondern auch eine Ausbildung zur Heilerin absolviert hatte und mit der Geistigen Welt arbeitete! Ich wurde tatsächlich zu ihr geführt.

Wir harmonierten von Anfang an sehr gut miteinander und hatten eine sehr gute Vertrauensbasis. Das Beste war, dass ich mich erst gar nicht mehr in die schmerzvollen Erlebnisse einfühlen musste, sondern ich wurde geführt. Doch anfangs hatte ich große Probleme, in Trance zu gelangen, da ich riesige Angst vor der Entspannung hatte! Ich dachte, mein Herz würde einfach stehen bleiben, wenn ich locker ließe. Doch nach und nach wurde alles besser.

Wir bearbeiteten viele verschiedene Themen aus meinem Leben, es ging mal wieder um alte Verletzungen und die nicht vorhandene Wertschätzung meiner Selbst. Mir wurde bewusst, dass ich meistens erst auf die Gefühle und Reaktionen der anderen achtete, bevor ich mich selbst wahrnahm; wenn ich dies überhaupt tat. Es zog sich wie ein roter Faden durch mein gesamtes Leben. Es tauchten sehr alte Blockaden und Verletzungen aus vielen vorherigen Inkarnationen auf, die sehr schmerzvoll waren; alte Themen meiner Ahnen, die auch mir noch im Wege lagen wie Stolpersteine und mich hinderten, ein glückliches Leben zu führen. Meine Vorfahren meldeten sich auch zu Worte und schickten mir wertvolle Botschaften. Eines Tages sah ich meine Oma vor mir stehen. Sie sah sehr elegant aus und ich freute mich, sie zu sehen.

„Stell dich auf den Stuhl!“, sprach sie zu mir. Die Hypnose-Therapeutin wusste gar nichts mit dieser Botschaft anzufangen, doch ich wusste sofort, was sie mir sagen wollte. Sie sprach weiter: „Mache dich groß! Zeige dich der Welt. Du verkaufst dich unter Wert.“ Mehr sagte sie nicht, aber ich wusste allzu gut, was sie damit meinte. Mein Leben lang habe ich mich klein gemacht und mich wertlos gefühlt.

Alles wollte aufgelöst werden und somit wurde ich Schritt für Schritt von tiefsten Ängsten geheilt. Es war ein schmerzvoller und anstrengender Prozess, doch mit der Zeit wurde mein Leben wieder leichter. Ich war unendlich dankbar für all die kostbaren Erlebnisse und Begegnungen während dieser Sitzungen. Ich sah verstorbene Verwandte, die mir Botschaften brachten und Engel, die neben meinem Stuhl knieten und mir während den Behandlungen die Hand hielten. Es war wunderschön und ich hatte keine Angst mehr davor. Ich merkte, dass ich auch diese Seite von mir jahrelang verweigert hatte. Ich war schon immer sehr feinfühlig und nahm Dinge wahr, gegen die sich viele Menschen noch verschließen. Durch die Behandlungen, die Kontakte mit den Engeln und den Naturwesen, fühlte ich mich immer leichter. Ich merkte, dass sich mein Denken langsam aber stetig veränderte.

Ich durfte mich mehr und mehr kennen lernen und empfand tiefes Mitgefühl und Verständnis für mich selbst. Ich begann, mich mehr und mehr zu lieben und schätzen, da ich nun wusste, was meine Seele schon alles in ihren vielen Inkarnationen erlebt hatte. Meine Seele war und ist sehr mutig, denn in diesem Leben geht es um die vollständige Befreiung all dieser Altlasten. Der Schmerz, den ich in mir trug, gehörte dazu. Ich musste alles erleben, um der Mensch zu werden, der ich heute bin.

So fand ich in kleinen und großen Schritten wieder zu mir selbst zurück. Ich bekam unzählige wertvolle Geschenke aus der Geistigen Welt und den Naturgeistern. Krafttiere traten an meine Seite und gaben mir, auch im Alltag, viele Botschaften. Es wurde mir klar, dass ich Schöpfer meines Lebens bin und mich nicht mehr als Opfer der Umstände sehen möchte, sondern alles bewusst selbst entscheiden möchte und werde. Das klappt mal gut und mal weniger gut, doch auch das gehört dazu.

Unser Denken will uns immer wieder in die dunkelsten Schattenwelten treiben, doch wenn wir uns bewusst machen, dass wir die Wahl haben, uns der lichtvollen Seite zuzuwenden, wird es viel einfacher sein!

Licht und Schatten liegen ganz dicht beieinander, das sollten mir all meine Erfahrungen deutlich zeigen. Und wenn mein Weg mal durch einen dunklen Tunnel führt, so weiß ich jetzt genau, dass am Ende wieder das Licht auf mich wartet. Diese Erkenntnis macht mein Leben um einiges leichter und auch reicher.

Ich bin sehr stolz auf mich, denn diese traumatische Reise habe ich ganz alleine bewältigt! Es zeigt mir, dass ich erwachsen geworden bin und für mich selbst entscheiden kann. Ich bin der festen Überzeugung, dass ich daran zerbrochen wäre, wäre ich nicht im Vorfeld all die Stufen der Heilung durchlaufen. Mir zeigt diese Erfahrung, wie stark und mutig ich sein kann, auch wenn ich immer wieder an mir gezweifelt habe. Doch das ist gar nicht schlimm. Das gehört zum „Mensch sein" dazu!

Natürlich bin ich noch nicht vollständig geheilt. Mittlerweile sind mir noch sehr viele Dinge widerfahren, die nicht gerade angenehm waren. Doch ich weiß jetzt, dass alles einen höheren Sinn hat, sogar die schlimmste und traumatischste Erfahrung. Wenn ich all das nicht erlebt hätte, wäre ich niemals auf die Idee gekommen, ein Buch zu schreiben! Ich könnte mich nicht so gut in meine Mitmenschen hinein versetzen wie ich es jetzt tue.

Ich habe in den schlimmsten Stunden viel Beistand, Trost und Liebe empfangen. Von Mitmenschen, aber auch aus der Geistigen Welt. Ich bin unendlich dankbar, dass ich durch all diese Erfahrungen den größten Schatz wieder finden durfte: Mich selbst.

Das kleine, unsicher Mädchen, das immer glaubte, sie sei ihrem Leben mit all den Schwierigkeiten ausgeliefert, wird eine erwachsene Frau. Auch heute spüre ich noch, wie sich meine ganze Art neu entfaltet und ich weiß, dass ich nichts und niemandem gefallen muss außer mir selbst. Wenn sich mein „Kopfkino" mal wieder meldet, sage ich sofort „STOP! Ich habe es verdient, gesund und glücklich zu sein!"

Ich mache mich jetzt ganz groß und zeige mich in Momenten der Unsicherheit erst recht und ganz bewusst der Welt. Ich stelle mich auf den Stuhl. Damit kann ich mein Ego überlisten und es wird immer leiser.

Es fühlt sich toll an. Wie eine Befreiung aus einer Haut, die einfach nicht mehr passt!

Alles ist gut!

Zeitfracht Medien GmbH
Ferdinand-Jühlke-Straße 7
99095 Erfurt, Deutschland
produktsicherheit@kolibri360.de